满族是中华民族大家庭中的重要一员，在历史上曾对中华文明做出过巨大的贡献。在与汉族等其他各族人民不断交流、融合的过程中也创造出璀璨的文化。以满族为主体建立的清朝政权在政治、经济、文化等方面都达到了封建社会的最高峰。

走近中国少数民族丛书

主　编/丹珠昂奔

满　族

Manzu

于今　著

辽宁民族出版社

图书在版编目（CIP）数据

满族 / 于今著. —2版. —沈阳：辽宁民族出版社，2014.12

（走近中国少数民族丛书 / 丹珠昂奔主编）

ISBN 978-7-5497-0975-5

Ⅰ. ①满… Ⅱ. ①于… Ⅲ. ①满族 — 民族历史 — 中国 ②满族 — 民族文化 — 中国 Ⅳ. ①K282.1

中国版本图书馆CIP数据核字（2014）第310572号

走近中国少数民族丛书·满族

ZOUJIN ZHONGGUO SHAOSHUMINZU CONGSHU·MANZU

丛书策划 / 李凤山

出版发行者：辽宁民族出版社

地　　址：沈阳市和平区十一纬路25号　邮编：110003

印 刷 者：沈阳市北陵印刷厂有限公司

幅面尺寸：170mm×240mm

印　　张：14.25

字　　数：210千字

出版时间：2014年12月第2版

印刷时间：2014年12月第1次印刷

责任编辑：李凤山　吴昕阳　李　璜

封面设计：杜　江

责任印制：杨　雪

责任校对：边京爱　林　华

标准书号：ISBN 978-7-5497-0975-5

定　　价：38.00元

法律顾问：陈　光

网　　址：www.lnmzcbs.com

举报电话：024-23284336

邮购电话：024-23284335

联系电话：024-23284340

淘宝网店：lnmz2013.taobao.com

《走近中国少数民族丛书》编辑委员会

《走近中国少数民族丛书》作者名录

《蒙古族》 萨仁图娅（蒙古族）

《回族》 许宪隆（回族） 张龙（汉族）

《藏族》 丹珠昂奔（藏族）

《维吾尔族》 艾克拜尔·吾拉木（维吾尔族）
买力克·买买提（维吾尔族）
伊利迪尔（维吾尔族）

《苗族》 石莉芸（苗族） 李云兵（苗族）

《彝族》 陈国光（彝族）

《壮族》 黄佩华（壮族）

《布依族》 周国炎（布依族）

《朝鲜族》 黄有福（朝鲜族）

《满族》 于今（满族）

《侗族》 杨筑慧（侗族）

《瑶族》 玉时阶（壮族）

《白族》 董建中（白族）

《土家族》 罗中（土家族） 罗午（土家族）

《哈尼族》 朱志民（哈尼族） 李泽然（哈尼族）

《哈萨克族》 艾克拜尔·米吉提（哈萨克族）
伊拉达·拉音别克（哈萨克族）

《傣族》 赵瑛（傣族）

《黎族》 罗文雄（黎族）

《傈僳族》 鲁建彪（傈僳族） 欧光明（傈僳族）

《佤族》 郭锐（佤族）

《畲族》 钟亮（畲族）

《台湾少数民族》 林华（台湾少数民族）

《拉祜族》 苏翠薇（拉祜族）

《水族》 韦学纯（水族）

《东乡族》 马兆熙（东乡族） 马自祥（东乡族）

《纳西族》 白庚胜（纳西族） 孙淑玲（汉族）
白羲（纳西族）

《景颇族》 金黎燕（景颇族）

《柯尔克孜族》 阿地里·居玛吐尔地（柯尔克孜族）

《土族》 祁进玉（土族） 东永学（土族）

《达斡尔族》 毅松（达斡尔族）

《仫佬族》 黎学锐（仫佬族） 黎炼（仫佬族）

《羌族》 雍继荣（羌族） 罗吉华（羌族）
周发成（羌族）

《布朗族》 陶玉明（布朗族）

《撒拉族》 马成俊（撒拉族） 马建新（撒拉族）

《毛南族》 韩德明（汉族）

《仡佬族》 周小艺（仡佬族）

《锡伯族》 阿苏（锡伯族） 盛丰田（锡伯族）
何荣伟（锡伯族）

《阿昌族》 们发延（阿昌族） 张斯齐（蒙古族）

《普米族》 朱凌飞（汉族） 杨周明（普米族）

《塔吉克族》 西仁·库尔班（塔吉克族）
阿力木江·西仁（塔吉克族）

《怒族》 李月英（傈僳族） 张芮婕（傈僳族）

《乌孜别克族》 吾尔买提江·阿布都热合曼（乌孜别克族）

《俄罗斯族》 乃珂热曼·依布拉音（塔吉克族）

《鄂温克族》 黄任远（汉族） 那晓波（鄂温克族）

《德昂族》 袁丽华（汉族） 王燕（汉族）

《保安族》 马少青（保安族）

《裕固族》 董澣红（裕固族） 王政德（藏族）

《京族》 吕俊彪（汉族）

《塔塔尔族》 卡米力·库尔马尤夫（塔塔尔族）

《独龙族》 李金明（独龙族）

《鄂伦春族》 王为华（汉族）

《赫哲族》 黄任远（汉族）

《门巴族》 陈立明（汉族） 张媛（汉族）

《珞巴族》 陈立明（汉族） 李锦萍（汉族）

《基诺族》 朱映占（汉族）

总序

中国是一个统一的多民族国家，几千年来，有着悠久历史和灿烂文化的少数民族，与汉族一道，在中华大地上繁衍生息，共同开发着这块土地，建设、发展、捍卫着这个古老而伟大的国家。各民族都是兄弟，相互离不开，都是这个国家的主人。习近平总书记在第二次中央新疆工作座谈会上发表重要讲话，指出：“要坚定不移坚持党的民族政策、坚持民族区域自治制度。民族团结是各族人民的生命线。要高举各民族大团结的旗帜，在各民族中牢固树立国家意识、公民意识、中华民族共同体意识，最大限度团结依靠各族群众，使每个民族、每个公民都为实现中华民族伟大复兴的中国梦贡献力量，共享祖国繁荣发展的成果。各民族要相互了解、相互尊重、相互包容、相互欣赏、相互学习、相互帮助，像石榴籽那样紧紧抱在一起。要在各族群众中牢固树立正确的祖国观、民族观，弘扬社会主义核心价值体系和社会主义核心价值观，增强各族群众对伟大祖国的认同、对中华民族的认同、对中华文化的认同、对中国特色社会主义道路的认同。”因此，坚持平等、团结、互助、和谐的社会主义民族关系，不断增进了解、紧密关系，深化友谊、建立牢不可破的感情基础，是中国社会转型期、改革攻坚期、矛盾多发期保持社会稳定、发展的基本要求，也是实现中华民族伟大复兴的中国梦的基本要求。

为了进一步宣传我国少数民族的历史文化和民族风情，增强对少数民族的认识，宣传党的民族政策和方针，加强各民族之间的了解与沟通，让读者了解少数民族文化，加深对我党民族政策的理解，中华人民共和国国家民族事务委员会文化宣传司和辽宁民族出版社共同策划了《走近中国少数民族丛书》。

依据上述原则，《走近中国少数民族丛书》的编写有以下三个特点：第一，采用图文并茂的形式、鲜活生动的语言、特色浓郁的图片以及丰富的民族常识链接，向读者展示我国55个少数民族的历史渊源、民族变迁、社会生活、文化艺术、风俗习惯、历史人物和民族区域自治政策的伟大实践。第二，作者多为本民族专家学者和与民族研究工作相关的专家学者，对自己撰述的对象既有深厚知识积累，也有真挚情感。第三，内容彰显了历史与现实、民族文化与地域文化、民族区域自治地方与散杂居地区少数民族生产生活的多彩画卷和轨迹，引导读者走近少数民族，聆听他们的古老传说，感受他们的发展变化，加深彼此的沟通和了解。这套《走近中国少数民族丛书》是面向民族干部和各级干部通览我国少数民族概况的普及读本，也是图书馆必备藏书。

《走近中国少数民族丛书》所揭示的每一个民族的历史，都承载着这个民族的文化，也承载着这个民族的发展和未来。中华大地孕育的55个少数民族多彩斑斓的民族文化，同汉族文化一道从远古走到今天，汇入了中华文化壮阔的历史长河。“共同团结奋斗，共同繁荣发展”，保护、传承和弘扬少数民族优秀文化，不仅是推动我国民族团结进步事业的重要内容，也是构建和谐社会、实现中华民族伟大复兴的中国梦的重要使命。期待通过《走近中国少数民族丛书》，使广大读者徜徉于少数民族多彩风情的同时，更加深刻地了解和认知中华民族多元一体的文化内涵，感受中华民族悠悠历史的深远与厚重。

丹珠昂奔

2014年6月26日

前言

满族 创造辉煌的民族

满族是中华民族大家庭中的重要一员，在历史上曾对中华文明做出过巨大的贡献。在与汉族等其他各族人民不断交流、融合的过程中也创造出璀璨的文化。以满族为主体建立的清朝政权在政治、经济、文化等方面都达到了封建社会的最高峰，今天我们研究清史，满族史也是一个绕不开的话题。

研究历史贵在能追根溯源，任何民族都有其起源、演变的历史进程，研究满族史同样如此。满族和汉族一样，历史悠久，它的先世可以追溯至古肃慎族，其后迭经两汉、南北朝，称挹娄、勿吉，隋唐时期称靺鞨，五代、宋、辽、金、元称女真。明朝初期，随着生产力的发展，女真各部逐渐发展成以建州女真为主的联盟。其中建州女真首领努尔哈赤统一了女真各部，并建立了“大金国”，史称“后金”，完成了满族统一的大业，也标志着满族共同体的形成。1635年，皇太极废除女真的旧称，定族名为“满洲”。其后清军入关，统一全国，成为继蒙古族之后第二个在全中国范围内建立起统一王朝的少数民族。满族也就和清朝变得不可分割。

纵观满族特别是有清一代近三百年的历史，可以看出满族由一个马背上的民族发展为统一王朝的缔造者，又由康乾盛世的峰转而衰落，一百年来任人宰割，无不与满族统治者在不同时期采取的不同政策紧密相关。当满族统治者锐意进取之时，国家民族就得以发展；当满族统治者腐朽之时，国家民族就陷于没落衰退之中。研究满族特别是清史、满族史，对我们今天警钟长鸣、保持忧患意识同样不无裨益。

研究满族的历史对于今天保持民族和谐意义同样重要。纵观满族历史，可以明显地看到满族和中华民族大家庭和谐共处的阶段有三个：第一个阶段是满族政权建立以后，随着政权的稳固、民族交流的增多、民族融合的速度加快，满汉一家局面的形成，满族和其他民族一起，建设了一个空前强大的清帝国，出现了“康乾盛世”这样政治、经济、文化高度繁荣时期；第二个阶段是新中国成立以后，实施了一系列民族平等、民族团结、各民族共同繁荣的民族政策，颁布了一系列保障包括满族在内的各少数民族享有民族平等政治权利的决定，使满族获得了新生，实现了满族和其他民族第二次和谐；第三个阶段是改革开放以后，国家提供大量人力、物力，进一步扶植民族经济的发展，在此基础上，积极恢复、繁荣满族文化，建立各类社会团体，使得满族在各民族一家精神的感召下共同为建设富强、民主、文明、和谐的社会主义强国而奋斗，这是一个伟大的历史进程，也是满族和其他民族第三次和谐。

那么，满族对于中华民族有着怎样的历史贡献呢？归纳起来，大致有三点：

一、奠定了今日中国的版图。盛清时，清朝的版图东至大海、西至葱岭、西北达巴尔喀什湖、北跨大漠、东北至外兴安岭，今天中国辽阔的版图就是清代奠定的。

二、加强了多民族之间的统一和团结。清代实行满汉一家、满蒙联姻的民族政策，同时对西藏、新疆实行特殊的管理方式，对西南少数民族改土归流，使中华民族在清中叶实现了空前的统一和团结。虽然这种统一融合是历史时期各民族不断增强交流的结果，但不可否认满族统治者制定的正确的民族政策所起到的巨大推动作用。

三、满族在发展本民族文化、传播他族特别是汉族文化等方面做出了重要贡献。满族是一个善于学习的民族，在语言文字、文学创作、史学研究、天文历法、宗教信仰等领域，均兼容并包地吸取汉、蒙古、藏和其他民族的精华，继承和发扬本民族的优良传统文化，丰富和发展了祖国历史与文化宝库。

满族在自身发展的过程中也创造了灿烂的满族文化，在饮食、服饰、婚姻、丧葬、信仰、军事等方面都形成了独具特色的民族文化。在满族的历史上，也涌现出无数杰出人物，为中华民族历史发展做出了巨大贡献。

本书既是一本论述满族历史的读物，又是一本展示满族丰富灿烂文化的图册，广泛汇集了目前对满族历史的研究成果，不仅介绍了满族的发展历史，而且分门别类地论述了满族的风俗、信仰、军事、文化，对满族历史上涌现出的杰出人物做了简介，史料翔实可信，语言通俗易懂，同时配以多幅精美图片，使之立体地再现了满族丰富博大的历史文化，展示了满族的独特风情。

目录

第一章
从部落到国家

满族是一个古老的民族，她的祖先可以追溯至肃慎人，其后迭经秦汉、隋唐各代，逐步发展为一个人口日益增多、经济发展水平不断提高的部族。在唐代，满族先世靺鞨还曾建立起文化兴盛的海东盛国——渤海国。金代是满族演变过程中的另一个重要时期，统一的女真政权的出现，标志了女真人迈入了一个新的发展阶段。清代是满族最终形成的关键时期，并建立了一个疆域辽阔的帝国。满族从部落发展成国家，本身是满族共同体不断强化民族认同，实现共同民族意识的过程，也是满族不断增强与汉民族的经济、文化交流，不断融合的过程。

满族先世

传说

关于满族的起源有一个美丽的传说：相传，在长白山的东北，有一座布库里山，山上有一个湖泊，叫布勒瑚里泊，又叫布儿里湖。这里景色秀美，很久很久以前的一天，有三位仙女从天而降，来到湖中沐浴。这三位仙女，是姐妹三人，大姐叫恩古伦，二姐叫正古伦，三妹叫佛库伦。正当她们在湖中嬉戏之时，忽然飞来一只口衔朱果的喜鹊，在三妹佛库伦头上盘旋不去。佛库伦举起手来，想把它赶走，只见那喜鹊丢下口中朱果，正好落在佛库伦的手中。佛库伦想它一准好吃，禁不住就把它含在嘴里。佛库伦沐浴后，上岸穿衣，那朱果却神不知鬼不觉地吞进了肚子。很快，佛库伦发现肚子里有下坠的异样感觉，她意识到自己怕是怀孕了。她对姐姐们说："我身体变得沉重了，恐怕不能和你们一同再回到天上去了，我该怎么办呢?"她的两位姐姐安慰她说："我们是仙女，吃过长生不老的仙丹，量也不会有什么大不了的。你现在这个样子，应该说是天意如此，等你生下孩子，身子变轻了，再升上天去也不迟嘛。"说罢，两个姐姐道别

知识链接 **三仙女浴布勒瑚里泊图** 来源：《满洲实录》。清太宗时修《清太祖努尔哈赤实录》之别一种，又名《清太祖实录战迹图》，八卷。成于天聪九年(1635)，绘有满洲起源传说及明万历十一年(1583)努尔哈赤起兵后征战事迹各图，附以满、汉文图说。崇德元年(1636)所纂之《武皇帝实录》，即取其图说另行编纂而成。原书八册，已不存。今本为乾隆时重绘者，图说文字亦经修订。当时重绘两本，一本贮上书房，一本送往盛京（今辽宁沈阳）藏贮。

后飞升而去。于是，佛库伦只身留在长白山，不久生下了一个男孩儿，姓爱新觉罗。他就是传说中满族的始祖布库里雍顺。据说，他一生下来就会说话，又像人们所说的“见风长”，转眼就长大成人。佛库伦把如何怀他、生他的缘由，一一告诉了他。最后还对他说：“是上天让我生了你，生你是为了平息天下的混乱，你要从头做起。顺这条溪水一直往下，就是你首先立足的地方。”说完，天女佛库伦就消失了，重返天国而去。

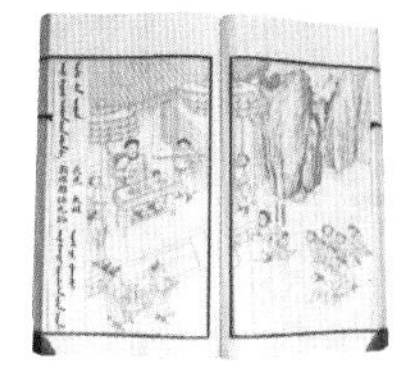

满洲实录

按照母亲指示的方向，布库里雍顺乘一叶小舟，来到一处有人居住的地方。他舍舟登上岸来，端坐在岸边养神。这里是长白山东南一个叫鄂谟辉的地方，这地方有一座小小的鄂多理城，城里住有三姓的人，为了争当老大，谁也不服谁，彼此相伤，厮杀不已，可长时间也分不出胜负来。这天，正赶上一个人到河边汲水，见布库里雍顺是个相貌伟岸、举止端庄的人，马上赶回去告诉那些还在械斗的人：“你们不要在这里再争下去了，我在取水的地方遇上了一位奇人，看样子是有来历的，我想他会公正地平息我们的争斗，大家何不去见他一见呢?”三姓的人听他这么一说，既惊异又好奇，停止了械斗，争相来到河边想去看个究竟。一看布库里雍顺，果然觉得他气度非凡，大家就问起他的来历。布库里雍顺对他们说道：“我是天女佛库伦所生，姓爱新觉罗，名叫布库里雍顺，是上天让我来平息你们的混乱和争斗的。”几个人把他举过肩头抬了回来。从此，鄂多理城的三姓人再也不争斗了，他们共同推举布库里雍顺做了首领，还把百里女嫁给他做妻子。

布库里雍顺以后，又经过了好几代。这时候，他的子孙不能团结部众，过去的部属发动了变乱，攻破了鄂多理城，他的子孙几乎全被杀光了。唯一逃脱的是一个小男孩儿，名叫樊察。他从城里逃到野外，眼看追兵就要赶到了。在这千钧一发之际，忽地飞来一只神鹊，落在了他的头上，追兵误认为这只鹊是落到了一段枯树上，找不到人，他们就折回去了。就这样，他逃过一劫，得免一死。在《满洲实录》中，还配有《神鹊救樊察图》。满族仅有的一点骨血给保住了，从此其后代生息繁衍。

当然，“三仙女的传说”是满族统治者为加强自身民族认同感而建构的，许多满族的老人迄今还在口耳相传。其实满族是在

知识链接 **长白山**

长白山，中国春秋典籍称为不咸山，其中所蕴涵的中华文化源远流长，古代就被誉为中国的圣山之一。清朝皇帝将其作为民族的发祥之地加以尊崇，已经有数百年的历史。众多的后金文化遗存和清政府采取的封禁保护、后期的动员满族返回祖地开发而振兴民族精神等，都说明，长白山是满族人共同的精神家园。作为一座具有深刻文化内涵的圣山，也为其他民族所推崇，从20世纪50年代以来，纷纷把长白山文化纳入自己的文化圈加以膜拜。

天女浴躬池位于吉林省东南部自然风景秀丽的长白山西侧白山市，天文峰东30.4千米，赤峰西北侧。由火山积水成湖，直径180米，因“池浑而圆”，形如荷盖，故称“圆池”，亦称园池、元池。满语称为“布勒瑚里”。清王朝历来尊圆池为生龙圣地，为满族人的发祥地。这里是传说中满族先世三仙女降浴的地方，三仙女中的三妹佛库伦浴后吞果受孕，生一男孩儿，相貌异常，生而能言，名叫布库里雍顺，大清皇帝就是他的后代。清光绪三十四年（1908），奉天选用知县刘建封调查安图全境筹设县治时，寻觅圆池于老岭之脊后，为使人人得瞻，于宣统元年八月（1909年9月）在圆池西边立“天女浴躬池”石碑一座。据当地人讲，确有一碑，但并不高大。在兵荒马乱年代，驻军曾用之打靶，碑身弹痕累累，以后则不知去向。碑不见了，圆池周围的自然环境也遭到较为严重的破坏。20世纪90年代，延边朝鲜族自治州地名办在圆池畔又仿原碑重立汉白玉石碑于此。从20世纪80年代起，有专家学者呼吁保护圆池的自然生态，但成效甚微。

天女浴躬池水清浅，多水草，中央冬无冰，夏无萍，无水流注入，也无溢口，池中泉涌如柱。池四周多松，参天蔽日，池畔芳草萋萋，更有雨燕穿天，鱼翔浅底，白鹤相戏，不失为人间仙境。池边大片的小叶杜鹃，嫣红欲滴；朱果和越橘，果实坠地。昔日每年三月三清晨，圆池岸边可见歌台舞榭浮于池上，管弦齐奏，乐曲悠扬，只见云雾缭绕，不见舞女翩翩，所以圆池又有“仙湖”之称。天女浴躬池以民间传说的形式阐述了长白山文化的民族闪光点，继承了中华民族历史文化传承的优良传统。

1635年才作为一个新的民族共同体走上中国历史舞台的，但这一传说也反映出满族有非常悠久的历史。黑水文明与东北亚历史研究传统古史观认为，我国东北有三大基本族系：肃慎、涉貊和东胡。三族系起自先秦，迄于明清，贯穿东北古代史之始终。“我国先秦古籍中所记载的肃慎、就是今天满族的最早先民，汉代以后，不同朝代的史书上记载着挹娄（后汉、三国）、勿吉（北朝）、靺鞨（隋、唐）、女真（辽、金、宋、元、明），都是肃慎的后裔，因而也是满族的先民”。由此可见，满族的历史源远流长，并形成了独具特色的肃慎系统民族群体。“满族的祖先从很早的古代起，就居住在我国东北境内，世世代代劳动、生息、繁衍在这片辽阔富饶的土地上，以勤劳的双手披荆斩棘，对开发祖国边疆、促进各民族间的经济发展和文化交流贡献了自己的智慧和力量。”

肃慎

满族的祖先可以最早追溯至“肃慎”。它又称“息慎”“稷慎”，是东北最古老的民族之一，大体分布在今长白山以北，西至松嫩平原，北至黑龙江中下游的广大地域。肃慎民族起源于鸟图腾，以渔猎和狩猎生活为主，可能有原始农耕。先秦文献中的《尚书·序》《逸周书》、《大戴礼记》的《少贤篇》和《五帝德篇》、《山海经》《竹书纪年》《左传》《国语》等，两汉文献的《史记》、《淮南子》的《坠形训》和《原道篇》、《说苑》的《辨物篇》以及司马相如的《子虚赋》、《孔子家语》《尔雅》等对肃慎人都有一些记载。如《竹书纪年·五帝纪》：“（帝舜有虞氏）二十五年，息慎氏来朝，贡弓矢。”其中《魏略》《晋书》系统记载肃慎民族历史，两种文献中均称“肃慎氏”。

女真骑马武士雕刻

肃慎族很早就跟中原王朝有着密切来往。传说舜帝在位的时候，肃慎人就千里迢迢赶到中原来朝贡，还用自制的弓箭作为贡品，表示加入舜的部落联盟。这表明古肃慎人不仅与中原发生联系，而且还建立了朝贡关系和经济往来。公元前11世纪，武王伐纣，建立了西周，肃慎人听到这个消息后，随即派人来进贡“楛矢石砮”，在箭杆上刻有“肃慎氏之贡矢”的字样。周成王征服东夷之时，洛邑（今河南洛阳）也建成了，肃慎人又派人前来庆贺，贡献了一种类似鹿的动物“大麈”。成王还叫荣伯作了一篇《贿肃慎之命》，对远道而来的肃慎表示慰勉。周康王在位之时，肃慎人再次到洛阳来进贡。周王朝将肃慎的居地视为“吾北土也”，此时肃慎已是周朝北方封疆之国，包括于西周版图之内。

春秋时期，一群隼鸟飞到陈国宫廷的上空，一只受了伤的隼鸟掉在宫廷院落里，伤口还挂着一尺多长的楛矢。当时陈湣公不知道是怎么回事，四处询问。正好孔子周游列国，来到陈国，陈湣公派人去请教孔子。孔子称：“这隼鸟从很远的地方飞来，鸟身上的楛矢是肃慎人造的。过去周武王灭殷，国势强大，鞭及九夷百蛮，四方属国都来朝贡，北方的肃慎贡了楛矢石砮，石镞长约一尺八寸。周武王把肃慎献来的楛矢石砮，赐给分封陈国的女婿胡公。陈国一定受赐过‘楛矢石砮’，你们可以到仓库里去找。”果然不出孔子所料，在金柜里找到了肃慎的楛矢石砮。陈湣公这才知道，很早以前在东北就有会制造“楛矢石砮”的肃慎人。

孔子

知识链接 **孔子**（前551—前479），名丘，字仲尼，汉族，春秋时期鲁国人。中国古代伟大的教育家、政治家和思想家，儒家学派创始人。

从今天考古所发现的肃慎人文化遗存来看，他们能够制作大量的陶器以及各式各样的工具和用具，还制作了一批陶制小型原始艺术品，包括陶猪、陶狗和陶熊。这些古代文物的出土，表明这里的居民使用石器、骨器和陶器，从事原始的农业、畜牧业，兼事渔猎，还有了简单的手工纺织。从出土的陶猪的形态来判断，已知猪是他们的主要肉食来源。从陶猪的形象看，头占全身三分之一，脊部鬃毛高耸，处于野猪到家养猪之间的过渡体态。猪的饲养，必须以相对稳定的农业为前提，而大量农业工具的出土，又表明这已不是什么问题了。这里的人们，还修筑了半地穴式的简易住屋，“穴地而居”为的是抵御

知识链接 **楛矢石砮** 肃慎氏所用之原始武器，也是昔年其与中原联系的纽带和媒介。

楛(hù)矢，就是用长白山区的楛木（有学者认为是桦木）制作的箭杆；石砮，用石头做的箭镞。其石箭镞（箭头）的制作材料有三说，一为松脂化石，二为木化石说，三为黑龙江口石说。

这种弓有三尺五寸长，用野兽、大牲畜的皮、筋来做弦，射程较远，杀伤力大。

北方的严寒。这一区域内的各部族，尽管发展不尽平衡，文化也各有差异，但他们的共同特点就是使用“楛矢石砮”。在古代文献中，肃慎与“楛矢石砮”联系在一起，“楛矢石砮”几乎成了肃慎人的特有标记。

挹娄

从战国到秦汉，不见肃慎来朝的记载。汉代的时候，肃慎族的后裔被称为“挹娄”。《后汉书》记载：“挹娄，古肃慎之国也。”东汉魏晋时期，中原人对挹娄人的了解就更多了，《后汉书》对挹娄的历史、地理、自然环境、社会阶段、经济形态、风土人情等都作了详细地描述。从这些记述中可以推知挹娄在汉代曾臣服于夫余，三国以后才逐渐摆脱了夫余的统治。当时挹娄还处于原始社会阶段，没有形成国家、没有君主、没有纲纪，各邑落有大人，即氏族酋长或部落酋长，不过他们已经学会织麻布了，农业和饲养业也有了发展。

勿吉

北朝以后至隋唐，肃慎、挹娄的称谓为“勿吉”“靺鞨”。勿吉人的社会经济生活是与肃慎人、挹娄人一脉相承，大体一致。北魏太和十七年（493）勿吉人推翻了夫馀政权，一部分勿吉人南迁至松花江中游夫馀故地。勿吉与中原王朝关系密切，自北朝起，勿吉人或一年数次、或一年一次、或两年一次向中原王朝纳贡。

靺鞨

靺鞨最初分十大部，后来逐渐发展为七大部，即粟末部、白山部、伯咄部、安车骨部、拂捏部、号室部、黑水部，分布在东临大海、西至嫩江、南抵今吉林市，北达黑龙江以北的广大地区。七大部中，处在最南端的粟末部势力最强，他们已会种植粟、麦，采用了“耦耕法”，畜牧业也很发达，主要养马、养猪等，也会酿酒。七大部中处于北部的黑水靺鞨以地处黑水（黑龙江）之侧而得名，发展较为缓慢，还处在以射猎为业的原始状态，但他们已经懂得使用铁器，会制毒药并将其涂在箭头上增加杀伤力。

公元7世纪初期，部分靺鞨人受高句丽统治。唐朝攻高句丽之后，靺鞨各部形势发生了变化。白山部靺鞨人大部分入唐，并逐渐融入汉人之中，伯咄部、安车骨部逐渐分散，从此不见记载。粟末部迁居营州（今辽宁朝阳），与隋末时迁来的靺鞨人并居。唐圣历元年（698），大祚荣以靺鞨人为主体，杂以部分高丽

渤海国上京龙泉府遗址古井

渤海国上京龙泉府遗址

人建立政权，自号“震国”，唐玄宗先天二年（713）派人册封大祚荣为“渤海郡王”，此后不称靺鞨，其辖地以“渤海”为号，被册封为“渤海国”。渤海国的统治、军事制度均按唐制，历代渤海国王也受唐朝册封。渤海与唐朝的关系十分密切，每年都派贡使到唐都长安纳贡，入唐学习。渤海国还使用汉文，经济文化都很发达，被称为“海东盛国”，辖境南起朝鲜半岛北部，北至松花江下游，东临大海，西南至今辽宁开原，境内设五京、十五府、六十二州，至公元926年为辽所攻灭，前后共建国228年。渤海遗民一部分迁入朝鲜，一部分南迁至中原，并逐渐融入当地民族之中。渤海国在长达二百多年的发展过程中，全面效法唐朝文明，依靠渤海人的聪明智慧和勤劳勇敢，孕育了发达的民族经济和灿烂的渤海文化，促进了东北边陲的进一步开发，丰富了中华大一统的历史，创造了“海东盛国”的辉煌。

黑水靺鞨于隋末唐初也逐渐兴盛起来，以黑水为界分南北黑水共16部。唐朝在黑水部设立黑水军、黑水府，以黑水部部长为都督、刺史，中原王朝在黑水地方设立了直接管辖的地方行政机构，也反映了中原地区与靺鞨之间政治、经济联系的加强，这是自肃慎向中原王朝进贡以来双方不断增加交往的必然结果。渤海国兴盛之时，部分黑水靺鞨受其统治；渤海国衰落后，又与中原王朝建立了联系；渤海国灭亡后，随着渤海人的南迁，黑水靺鞨也逐渐南移并取代靺鞨而兴。契丹人将其称为女直（女真，避辽兴宗“耶律宗真”的名讳改称“女直”），从此，“女真”的称谓取代了靺鞨。

女真

辽代是女真发展的繁盛时期，辽王朝把女真人分成“熟女真”和“生女真”，“熟女真”系自女真南迁至辽阳以南的部分，经济较为发达，受辽王朝直接统治。“生女真”是经济发展较为缓慢的部分，他们主要分布在松花江以北、乌苏里江以西的地区，辽王朝对这一地区采取了不同于“熟女真”的统治策略，他们通过册封当地的部族首领来达到有效管辖的目的。12世纪初，女真的完颜部开始崛起，其首领完颜阿骨打统一女真各部，并于公元1114年起兵反辽，次年，阿骨打称帝，国号大金，定都会宁（今黑龙江省阿城南白城）。这是满族先世继渤海之后建立的第二个地方政权，标志着女真人的民族共同体第一次形成。

金太祖完颜阿骨打塑像

金朝建立后，于1125年联合北宋灭辽。金朝军事战争的胜利极大地刺激了金贵族集团的贪欲，他们垂涎中原的土地和财物，终于在1127年攻陷北宋都城汴梁，俘获徽、钦二帝，并大掠金银、珍宝、图书以及百工艺人等送往金国，史称“靖康之变”，至此，北宋灭亡。同年，赵构在应天府（今河南省商丘）继位，年号建炎，史称南宋。金与南宋又开始了旷日持久的战争，直到1141年，宋金议和，签订和议：宋向金称臣；每年纳贡银25万两、绢25万匹；两国以淮河为界，西至大散关。至此，确立了宋金南北对峙的局面。1153年金迁都北京。金政权辖境南达淮河，北至外兴安岭，东濒大海，西以界壕与蒙古为邻，成为与南宋并立的王朝。

从金朝初年起，女真人被编为“猛安”“谋克”。据《金史》记载，三百户为一谋克，十谋克为一猛安。后来诸部来降，女真人也将他们编入猛安谋克之中，1114年，阿骨打规定每一百户为一“谋克”，十“谋克”为一“猛安”。这样，猛安谋克这一女真早期部落联盟的组织形式，就被改造成具有政治、经济、军事等职能的社会组织形式，而不再是单纯以血缘为纽带组成的氏族组织。猛安谋克的首领称“猛安”（千夫长）和“谋克”（百夫长），是金朝基层地方官吏、军队基层军官。猛安谋克户大部分是平民，一部分拥有不同数量的奴婢，但奴隶数量要比平民数量少得多。猛安谋克是独立的，它的千夫长、百夫长与本地管辖汉人的州县官不相统属。猛安谋克户平时种地、战时出征，并与附近州县官配合，共同镇压当地人民的反抗。这一制度成为清代“八旗制度”的前身。金代女真还有了自己的文字，1119年，阿骨打命完颜希尹参考汉字、契丹字创制了女真字，称女真大字，金熙宗时又创女真小字。

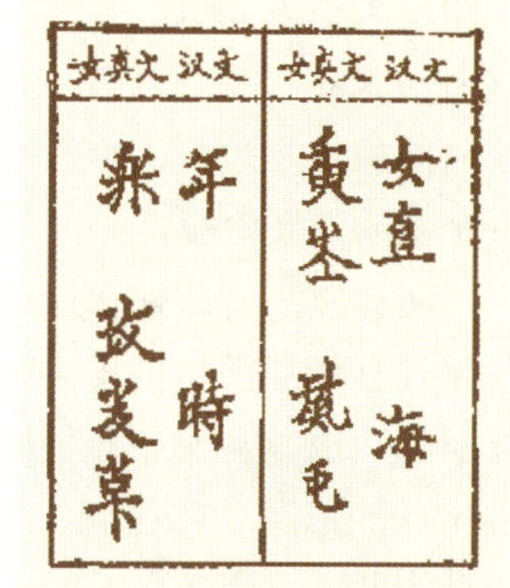

女真大小字

女真文化逐渐受到汉文化的影响，特别是到金朝后期，进入中原地区的女真人的民族特点已经基本消失。与此同时，女真人原有的生产生活方式受汉文化的冲击，也不断地加速向封建化迈进。举一个简单的例子，女真盛行屯田，最初各家各户受同等数量的田产和牲畜，纳税的数量也是均等的，到了后期，屯田军户贫富日益分化，一些富户和奴隶主贵族大都卖掉奴婢，把土地租给汉族佃户耕种，或改变奴婢身份为隶农、农奴耕种土地，一般猛安谋克户也不再耕种田地，这些女真人和汉人地主已经没有太多区别了。到12世纪末，中原及华北地区的女真人已经大都被封建化了。金朝灭亡以后，关内的女真人融入其他民族中，东北的女真人集中于黑龙江中下游和松花江中下游地区。与金代相比，女真人农业发展水平有了一定的退步。元代黑龙江流域女真人主要处在以渔猎为主的生产状态。

明代女真

从明代初期起，在明政府的统治下，散处于黑龙江、松花江流域的女真部落，逐渐南迁，重新分布。到明中叶以后，海西和建州两部分女真人，在各部中居于先进的水平。在这个基础上，到万历末年（17世纪初），建州部首领努尔哈赤建立了女真各部统一的奴隶主政权，金亡以后，留居东北地区的女真人又迈上了一个新的发展阶段。

明初以来，散处在松花江、黑龙江地区的女真部落，出现了频繁迁移的局面。内部生产力的发展，阶级的分化，各部间的相互争战，以及对明朝与朝鲜掠夺的欲望和交换的要求，是促使各部南迁的原因。在这个总的迁徙潮流中，原居依兰一带的女真人也分为两大支南迁。

▲ 《递运所抬送建州“夷人”等清册残档》

一支，即明朝史籍记载中的“建州女真”，其中又分为两大批，分别各自移动，几经转徙，最后于明正统初年，又重新集结在浑河流域。另一支，即明朝史籍记载中的“海西女真”，初迁于哈尔滨以西松花江中游，其后，其中一部分更南移到明开原边外。

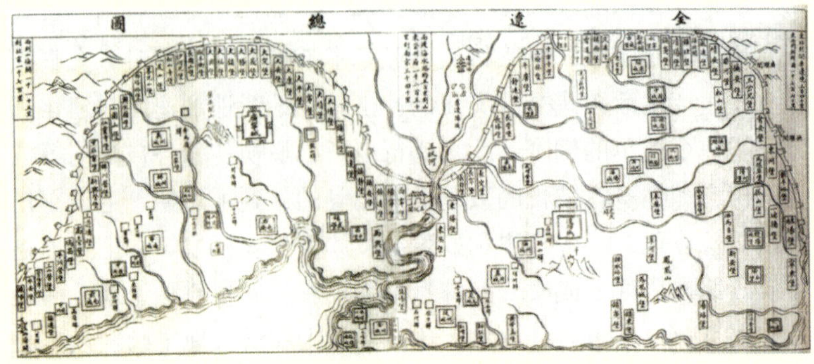

《全辽志·明代辽东总图》▶

《皇清职贡图卷·七姓野人》

迁移以后，女真各部的分布具体情况是：

建州女真，内部又分苏克苏护、浑河、完颜(一作王甲)、董鄂、哲陈、鸭绿江、讷殷、珠舍里等部，分布在抚顺以东，以浑河流域为中心，东达长白山东麓和北麓，南抵鸭绿江边。

海西女真，内部又分哈达、辉发、乌拉、叶赫等四部(又自称扈伦四部)，分布于明开原边外，辉发河流域，北至松花江中游大曲折处。

东海女真(明人称“野人女真”，清人称窝集部)，包括众多部落，分布于建州、海西以东和以北的广大地区。大体从松花江中游以下，迄黑龙江流域，东达海岸。

明政府在继承了元朝在东北地区的统治后，为了推行其“分而治之”和抚绥政策，对女真人采取了一系列的措施。

政治上，大量建立“羁縻”卫所。明初，于辽东先设定辽都卫指挥使司，后改为辽东都指挥使司，下设定辽、广宁、东宁等二十五卫，辖境东达鸭绿江，西至山海关，南临旅顺口，北迄开原。永乐元年(1403)至七年(1409)，陆续在松花江、嫩江、黑龙江

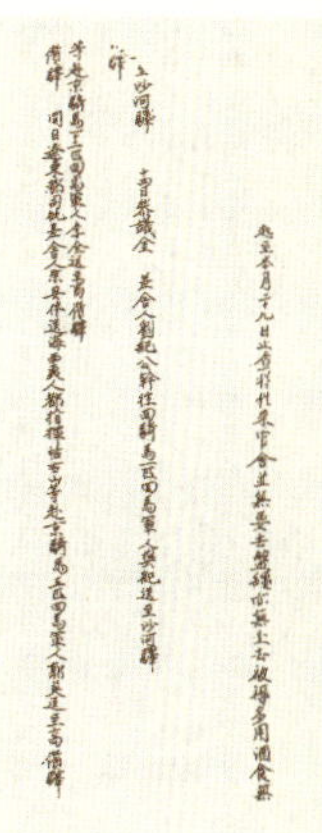

《辽东都司差人护送海西女真赴京残档》

《皇清职贡图卷·赫哲人》

中、下游及其以北、以东的广大地区，设置一百三十多个卫所。同时，在奴儿干卫忽剌冬奴的请求下，设立了奴儿干都指挥使司。它的建立，推动和加强了明政府对整个东北女真人地区的管辖和建政。

奴儿干都司直属明中央政府，就女真上层加封不同等级的卫、所官职，有都督、都指挥使、指挥佥事、千户、百户、镇抚等称，给予受封人印信，敕书、衣冠和钞币等，并规定其在到北京或马市途中接受一定的待遇。对一部分女真上层，还采取了赐予姓名的办法，以加强中央与东北民族地区的政治、文化联系。

继奴儿干都司之后，从15世纪中叶到16世纪下半期的百余年间，明政府又增加和改置了若干卫所。

《海西女真袭职奏文》

经济上，除准各受封女真首领到北京交换所需以外，又在辽东开设“马市”，以便女真各部互市买卖。最先开设的马市有广宁和开原，以后又陆续开设了抚顺、宽奠、叆阳、清河等处的马市。在马市上，明政府以女真人所需要的生活、生产资料，如食盐、粮食、布匹、绢、袄子、锅、铁制农具(铧子)以及耕牛等，交换女真人的土产品，如人参、各种兽皮(最贵重者为貂皮)、蜂蜜、蘑菇、松子等，以满足女真人的经济需要，促进了女真人对汉区的经济、文化交流和相互依赖。

另外，则加强辽东的防御力量。正统七年(1442)，首先修筑了起自宁远北境，经义州、广宁、白土厂南折至牛庄，又由牛庄北至开原的边墙。成化三年(1467)起，又兴修了南起凤凰城，经抚顺以东，至昌图的边墙，联系西段边墙共同形成了一条对女真以及兀良哈蒙古的区域防线。

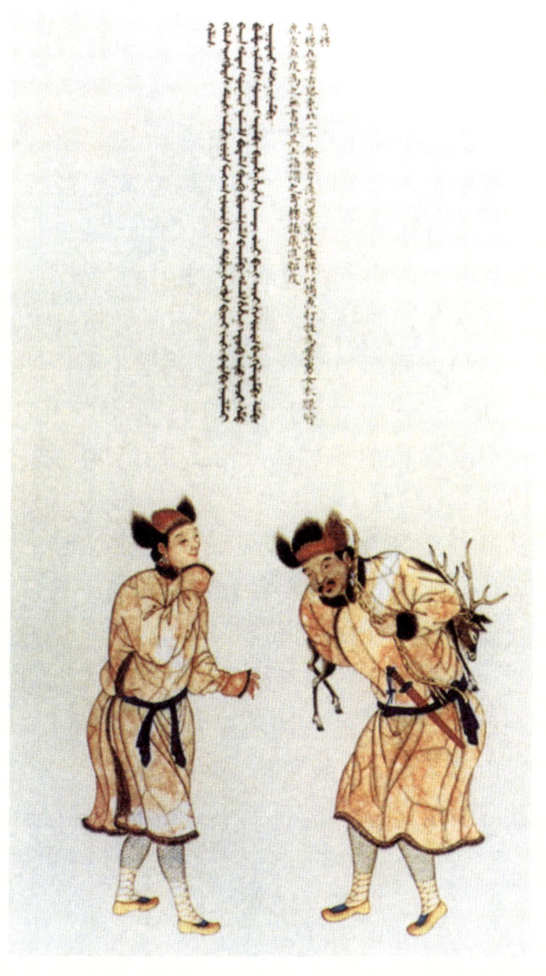

《皇清职贡图卷·奇楞人》

大批女真上层接受明封号，成为明“羁縻”卫所的长官，在政治上、经济上与明建立了隶属关系。显然，明政府这一系列的措施是从维护其统治地位出发的。就女真上层方面来说，在接受明的册封以后，也并未完全停止对汉区进行掠夺。正统十四年(1449)，瓦剌部首领也先攻犯北京之役，建州、海西女真上层中就有不少人配合向辽东骚扰。以掠夺人口、牲畜为目的零星进犯，更是经常的。但是，就明朝一代总的来看，明政府与女真人保持了正常的统属关系。两区人民长期和平相处是主要的。通过马市，交流了两区的物资。大量汉区先进铁制农具(铧子)和耕畜(牛)输入女真地区，加速了女真社会生产力的提高。一些女真上

女真文物

层经常往来汉区，在文化上也受到汉族的影响，建州部的王杲便“能解番、汉语言字义”，而且“尤精通日者术”。女真上层尚能如此，人民中间也就更多了。

就海西和建州两部分女真人来说，海西控扼了明与女真地区的贸易大道，尤以哈达与叶赫两部密迩汉区，关系更为密切。开原马市所在的“南关”(广顺关)和“北关”(镇北关)成为哈达和叶赫两部的代称。嘉靖至万历初(16世纪下半期)，由于哈达明汗王台听从明廷的号令，明朝“东陲晏然耕牧，垂三十年”。另外，在建州方面，与哈达相反，采取了不听明廷号令的态度，成了明朝对建州出兵镇压的原因：成化三年(1467)，有董山的被杀和对李满住的征讨；万历二年(1574)，又有对王杲的镇压。万历元年(1573)，明并兴筑宽奠、长奠、永奠、大奠、新奠及张其哈剌奠等六堡(在今凤城以东至宽甸一带)，把东境推进建州居住区之内。尽管存在着这些矛盾，客观的事实是，海西、建州两部在南迁定居以后，生产获得了迅速发展。明统治者推行的“分而治之”和绥靖政策，为众多女真首领提供了管辖部众和加强其统治的政治号召力。经过一个时期的发展，导致了女真内部多头势力的并起。终于伴随着女真各部的逐渐发展，相互兼并，在女真内部，一个统一的趋势日在形成。

“塔山左卫之印”印文

肇建政权

时势造英雄，努尔哈赤应运而生。

努尔哈赤六世祖是建州女真猛哥帖木儿，为明朝建州卫左都督。当时北方的部族势力强大，南下压迫建州。猛哥帖木儿被杀，建州部被迫南迁，最终定居于赫图阿拉（今辽宁省新宾满族自治县老城）。

南迁后，建州部与中原地区来往密切，社会生产力显著提高，经济繁荣，而此时正是努尔哈赤担任明朝建州部首领，袭封为指挥使。明万历十一年（1583）努尔哈赤以祖、父遗甲十三副起兵，开始了统一女真各部的大业。首先，整合建州女真，然后对海西女真哈达、叶赫、乌拉、辉发四部，展开攻势，软硬兼施，远交近攻，先弱后强，征抚并用，逐个吞并——万历二十九年（1601）攻灭哈达；万历三十五年（1607）灭辉发；万历四十一年（1613）并取乌拉；万历四十七年（1619）吞并叶赫。努尔哈赤先后用时36年，统一女真各部，实现了自元末两百多年以来女真空前大一统的局面。

努尔哈赤

在统一女真各部过程中，努尔哈赤创立了八旗制度。它源于女真氏族组织“牛录制”女真人狩猎时，各以所属族寨行进，每10人有1首领，称为牛录额真，意思就是主人，其他9人归其指挥。努尔哈赤将牛录制加以有效组织，每牛录置佐领，即牛录额真，其下分置代子等副手。每5牛录置一甲喇额真，每5甲喇置一固山额真。1601年，努尔哈赤又创立黄、红、蓝、白四旗，1615年，又增四旗，合为八旗。八旗制度分级管理，严密又不失灵活，有效增强了女真社会的凝聚力，为日后进军北京、统一全国起到重要作用。

应该说女真空前大一统局面的形成，有几个必然的条件。首先是女真社会存在统一和发展的迫切需求和强烈愿望；其次是努尔哈赤之前不少女真杰出人物通过他们的作为，使女真各部得到

赫图阿拉城内大殿遗址

镶蓝旗亭

了一定程度的统一，富集了一定程度的政治资源；最后是努尔哈赤个人对于历史发展所起的巨大促进作用。满族领袖和清朝皇帝的始祖爱新觉罗·努尔哈赤，征战四十余年，统一女真各部，反抗明朝的民族压迫，保护了满族的生存，对满族的形成和发展，对东北地区的统一和多民族祖国的壮大，起了重要的促进作用，他是中国历史上杰出的政治家和军事家之一。

随着统一事业的完成，八旗制度的奠立，女真经济的发展，一个以建州女真人为主体的奴隶制国家已基本形成。明万历四十

萨尔浒大战

沈阳故宫大政殿

四年（1616），努尔哈赤在赫图阿拉称汗，建立金国（史称后金），改元天命。从此，东起海岸、西至辽东边墙，北抵嫩江流域，南至鸭绿江的大片领域内，在统一后金政权的统治下，以建州、海西女真为主体，融合了部分汉人、朝鲜人、蒙古人及其他少数民族的共同体——满族诞生了。可以说，“建州三卫”的出现，标志着满族主体部分的形成；后金政权的建立，是满族形成的一个鲜明标志。1635年，皇太极废除了“诸申”（女真）旧号，正式定族名为“满洲”，今天的“满族”就是辛亥革命后对“满洲族”一词简称的结果。满族始称满洲，后有新（满语“伊彻”）、旧（满语“弗”）满洲之分，实际上包含东北几乎所有的少数民族。15—17世纪，满族已成为一个新的共同体。所以，满洲之为族称，是以建州、海西女真为主体，同时又包括了大部分野人女真，当地的汉族、蒙古族和其他民族，也是构成满族的重要因素。

皇太极为什么要改族名为“满洲”呢？通常的看法认为努尔哈赤时的诸申乃是自由民阶层的称呼，诸申上有汗、贝勒，下有阿哈（奴隶）。它不仅用来称呼“后金”八旗组织中的女真人，也可以泛指分布在各地区的女真部落。经过数十年的变化，首先，由于后金社会中的阶级和等级分化已经十分明显，“诸申”变成只适用于女真族中无封爵、无官职的平民的称呼，很难代表民族的整体；其次，从日后夺取中原战略的大局考虑，“女真”

文德坊和武功坊

这个族名，很容易使关内的汉族人联想起几百年前灭掉北宋的金朝，从而引发不必要的敌对情绪。

关于“满洲”一词的来历，有多种说法。一种说法是，“满洲”为建州女真的祖先李满住的名字谐音；第二种说法是，由于中国古代王朝五德终始的说法，明朝为火德，“满”和“洲”的汉字都为水字旁，皇太极的这种做法有以水克火、以清代明的意思；第三种说法是，满洲为“曼殊”的转音，“曼殊”为西藏人对文殊菩萨的称呼，全称是曼殊师利菩萨，不过，这种说法不为多数历史学家所认可。至于日本人抗战时期所鼓吹的“满洲”为一地名概念，包括东北三省，与“支那”有别，其实是在为日本侵略东北提供殖民理论，后来的“满洲国”就是这样一个殖民产物，对此，中国史学家早已进行了坚决的驳斥。

红带子

那么，新的满洲共同体和历史上的肃慎、挹娄、勿吉、靺鞨、女真各族称是怎样的关系呢？归结起来说，肃慎作为满族的最早先民，尽管史书上语焉不详，但考古发掘资料却提供了有说服力的物证。至于肃慎及其后裔，既有关联又不能等同，不应该把肃慎以下的挹娄、勿吉、靺鞨、女真各族的形成发展过程，当成满族本身的形成发展过程。又不能把肃慎以下，直至明代女真人的世代相承关系，与满族的形成割裂开来。否则，是不能正确反映满族悠久的历史渊源的。当然，满族真正以一个民族出现，只能说在明代末期的17世纪之初。这不是说构成满族的成员到了明末才降临人间，而是表示这时已从女真人中间形成了一个新的民族共同体。满族的历史，起源于明代女真的分化和重新组合。从女真到满洲，这是民族发展史上的一个飞跃，是历史进步的重大成果。满族的形成从根本上讲是东北各族不断融合的产物和表现，但是努尔哈赤在满族共同体形成过程中发挥了非常关键的作用，这点同样不容否认。

后金政权建立以后，最大的威胁莫过于明朝。这是因为明朝执行民族压迫政策，歧视女真人，并长期在女真内部制造矛盾和冲突，同时还实行经济封锁，造成女真人生计困难，因此，后金政权建立以后，努尔哈赤就把腐朽的明朝作为进攻的主要目标。

▲《钦定满洲源流考》

七大恨

后金天命三年（1618），是大清兴亡史上最关键的一年。四月十三日，努尔哈赤发布“七大恨”诏告于天。“七大恨”是后金的“出师表”、宣言书，是对明朝发布的檄文。

努尔哈赤的“七大恨”中指责了明朝政府欺凌自己和女真各部落的七条大罪。第一恨为明军没有缘由地出兵边外，杀害了努尔哈赤的祖父觉昌安与父亲塔克世；第二恨是明朝违背誓言，派兵越过边界，保护叶赫部；第三恨是明臣违背誓言，指责建州擅自杀死出边采参挖矿的汉民，并且逼令建州送献十人斩首于边境上；第四恨是明廷派兵出边，保卫叶赫，使叶赫将已经聘定给努

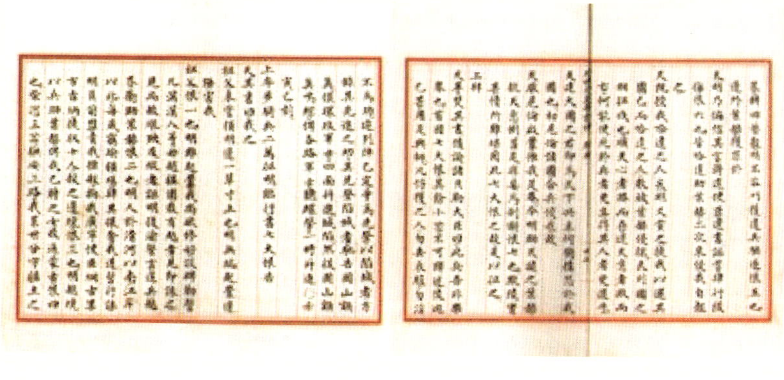

◀ 七大恨原文

后金进军路线图

尔哈赤的女子转嫁给了蒙古；第五恨是明廷遣兵驱逐居住柴河、齐拉、法纳哈三路耕田种谷的女真，不许其收割已经成熟的庄稼；第六恨为明帝听取叶赫谗言，遣人持函，以种种恶言诬害努尔哈赤，侮辱建州；第七恨是明廷逼迫努尔哈赤退出大败九部联军之后取得的哈达地区。

努尔哈赤自万历四十六年（1618）四月攻下抚顺之后，七月又攻下清河（今辽宁省本溪市东北）。第二年正月，后金军转攻叶赫。叶赫向明朝告急，这时明朝才意识到事态的严重性，于是决定大举发兵，企图一举消灭努尔哈赤。二月，明军出动，派兵部侍郎杨镐为辽东经略，兵分四路进攻，直扑努尔哈赤的都城赫图阿拉，杨镐为四路总指挥，驻沈阳。北路由总兵马林率领，从开原出，经三岔口，过尚间崖，进攻苏子河；西路由总兵杜松统领，出抚顺关向西，直驱赫图阿拉；南路由总兵李如柏统帅，出清河，过雅鹘关，直攻赫图阿拉；东路由总兵刘綎指挥，出宽甸，从东面捣后。明兵四路计27万之众，号称47万，并悬赏万金，换取努尔哈赤的首级。此时，努尔哈赤全部军队只有6万人，明显处于劣势，面对气势汹汹的明朝大军，努尔哈赤胸有成竹地说："凭他几路来，我只一路去。"

努尔哈赤首先以八旗精锐迎击欲立首功的明军主力杜松部。三月初一日，双方对峙在萨尔浒山（今辽宁抚顺东）。努尔哈赤利用杜松派兵袭击界藩之时，猛攻萨尔浒明军，明兵溃败，勇而无谋、刚愎自用的杜松战死。接着，努尔哈赤将兵北至尚间崖，击败马林部，马林逃往开原，叶赫兵仓皇撤退。这时，努尔哈赤回师南下，诱敌深入，在阿布达里岗，围歼刘綎东路军，刘綎阵亡，姜弘立所部朝鲜兵投降。杨镐闻知三路军惨败，急令南路军李如柏撤回。努尔哈赤只用了5天时间打了一场漂亮的歼灭战，明军文武将吏死者310多人，士兵身亡者45 800 余人，亡失马驼甲仗无数。这就是历史上著名的“萨尔浒之战”，也是后金、明朝攻守之势的转折点。

满文“天聪通宝”钱(正面)、满文“天聪通宝”钱(背面)

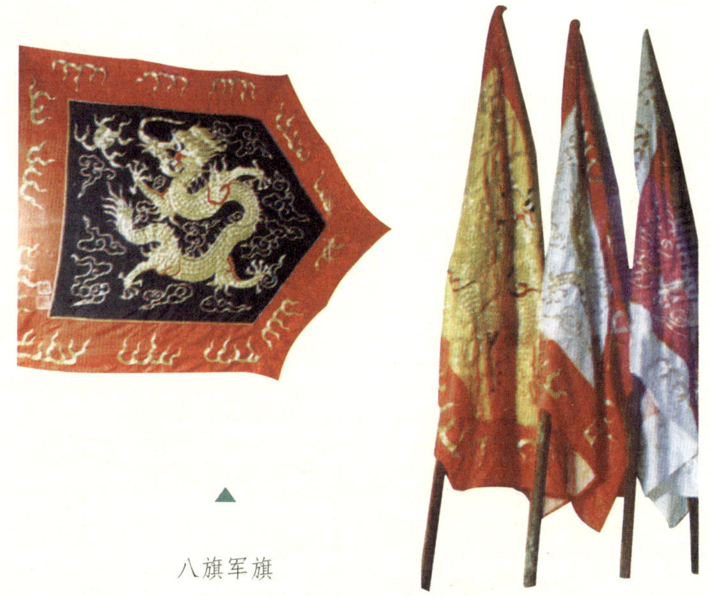

八旗军旗

萨尔浒大战后，后金乘胜进攻开原。六月开原陷落，马林战死。七月又攻陷铁岭，守将喻成名战死。八月间，努尔哈赤乘势吞并了开原以北的叶赫部。1625年三月，努尔哈赤把后金都城迁到沈阳，后改称沈阳为盛京。1626年，努尔哈赤去世，其子皇太极继位，是为清太宗。皇太极在政治、经济和文化等方面实行一系列改革措施，使女真族社会初步完成由奴隶制向封建制的过渡。同时，还派人招抚了野人女真。1636年，皇太极在盛京称帝，改国号为大清，年号天聪。

第二章
入主中原

1644年是中国历史上一个极其重要的年份。后金政权历经数十年卧薪尝胆，终于打败明朝政权及李自成农民起义军，成为北京城进而是全中国的新主人，直至1911年。长达276年的清朝统治，有着极为辉煌的一面，也有近代屈辱的历史。在清朝统治前期，由于统治者励精图治，一时国泰民安，出现了“康乾盛世”局面；而在中晚期世界局势发生了深刻变化之际，清政府却仍沉浸于“天朝上国”的迷梦中，落后挨打的屈辱历史随之而来。

皇宫新主

"天下大势，分久必合，合久必分"，朱元璋以太祖之威建立大明王朝，在经历了近三百年的统治后，权力的交接棒到了崇祯皇帝手中。新皇帝虽有抱负，然历史发展的形势已经完全改变，明王朝不再是历史的唯一选择。明王朝内部，农民起义风起云涌，特别是李自成领导的农民军声势浩大，直有取代明廷正统地位之势。关外，日渐壮大的后金政权对关内也是虎视眈眈。1644年，也就成为中国历史上跌宕起伏的一年。

1643年，清朝发生了一件大事，八月初九日，皇太极病死在盛京。新皇帝是他的第九个儿子福临，也就是后来的清世祖，以郑亲王济尔哈郎、睿亲王多尔衮辅理国政，并定1644年为顺治元年。同年初，李自成开始向北京进军，三月十九日攻克北京，建

沈阳故宫凤凰楼

立了大顺政权，明朝驻守山海关总兵官吴三桂乞请清廷出兵，共同镇压农民军。四月二十二日，吴三桂迎接多尔衮入关，清军与农民军大战于山海关附近，农民军战败，被迫撤出北京。五月二日，清军进入北京城，十月，顺治帝从盛京迁都北京，大清中央政权随之迁入，开始了清王朝对全国的统治。随后派遣多铎、阿济格、豪格、吴三桂、李成栋等南下征讨各地的农民军和南明军队。

山海关

知识链接 **多尔衮**（1612—1650）努尔哈赤第十四子，皇太极之弟，母为努尔哈赤大妃阿巴亥，同母兄弟阿济格、多铎。1626年封贝勒，后因战功封和硕睿亲王。多尔衮15岁时，阿巴亥被迫为努尔哈赤殉葬，多尔衮因此丧失继承大统的能力和可能。但此后，他军功卓著。至皇太极去世时，和多铎掌有正白旗与镶白旗，于是和皇太极长子豪格争夺汗位。豪格继承了皇太极的正黄旗、镶黄旗并自掌有正蓝旗。多尔衮利用豪格的软弱使其不能继位，又畏于两黄旗的实力，不敢自己继位，转而扶持皇太极九子福临入承大统。他和郑亲王济尔哈朗共同辅政，并实际掌权。多尔衮摄政时期，清军入主中原，对清朝开始在中国近300年的统治起了决定性的作用。顺治对他的称呼也从“叔父摄政王”逐渐变为“皇父摄政王”。三十九岁时，多尔衮因狩猎坠马不治而亡。死后，顺治帝因其独断专行，并迫害其兄豪格，又与其母孝庄皇太后有说不清、道不明的关系，剥夺其封号，并掘其墓，直到乾隆年间才恢复名誉。传说多尔衮因与皇太极永福宫庄妃、顺治生母孝庄皇太后关系暧昧，故民间有“太后下嫁”的误说。顺治曾追崇多尔衮为清成宗，谥义皇帝，后被剥夺。

清军入关后，实行圈地，严定逃人法，强迫汉人剃发易服，激化了民族矛盾，抗清斗争如火如荼地开展起来。郑成功、张煌言等出没于海上；刘体纯、郝摇旗、李来亨等十三家结寨于夔

东。许多降将降官也倒戈反清。南明永历政权先和大顺军合作，又与张献忠的大西军余部孙可望、李定国联合抗清。顺治十六年(1659)，郑成功与张煌言合作，出动水师，深入长江，围攻南京，苏皖震动。顺治十八年郑成功率军攻打为荷兰占据的中国领土台湾，康熙元年荷兰军力竭投降。

剃发易服

满族是女真的后裔，他们的发式也继承女真的特征。女真是一个生活在一望无际的山林里的民族，那里道路崎岖，猛兽出没，为了多获得山货和野味，经常在林子里一待就是十几天，遇到危险的时候，最重要的是不被树枝钩住而迅速脱身。所以，女真人的衣服和发式都是简洁的，简洁到让汉族人看了，觉得应该用“削发如僧”来形容：头发剃光，只是在脑后留下小手指细的一绺头发，拧成绳索一样下垂，胡须也只是在鼻子底下留着几根。

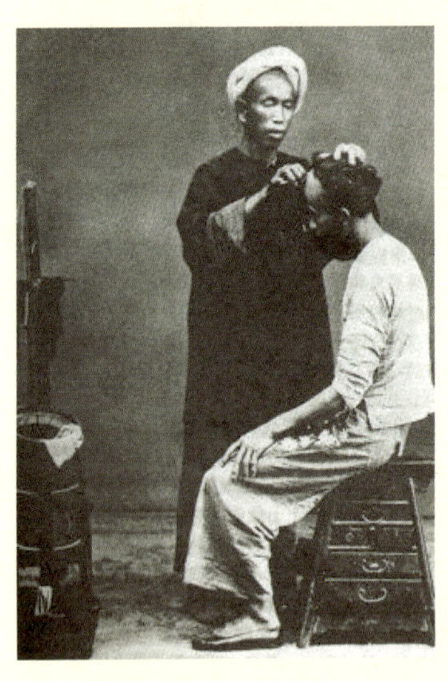
剃发

顺治元年（1644）五月初三日，摄政王多尔衮在给故明内外官民的谕旨中下令：“凡投诚官吏军民皆著剃发”，是为剃发令。汉人的习俗，原本是将头发束在头顶；而满人的习俗，则是在头发中间编成发辫，垂于脑后，周围剃去。强制汉人剃发，改变民族习俗，实质是要在精神上征服汉人，自然引起了汉族人民的强烈反对。二十四日，多尔衮鉴于清统治尚未稳固，宣布收回成命，允许汉人照旧束发。顺治二年（1645）六月十五日，清廷在消灭了南明福王政权之后，认为自己的统治已经稳固，再次颁布剃发令。宣布自布告发出后，京城内外军民限十日内剃发，各省军民自部文到日起也限十日内剃发。剃发令措词极其严厉：“遵依者为我国之民，迟疑者同逆命之寇，必置重罪。”但是，这不仅没有吓倒大江南北的汉民，反而激发了他们的反抗情绪。广大农民、工商业者、有气节的士大夫和中小地主、部分官僚豪绅，都坚决反对剃发。此后，随着清军的逐步深入，江南各地更展开了轰轰烈烈的反剃发斗争。“剃发易服”是清初主要的社会矛盾之一。针对当时各地汉人的抗争此起彼伏的情况，当时的陈名夏曾说过：“免剃头复衣冠，天下即可太平。”然而不久他就因为说了这句话而被满门抄斩。满族统治者强力推行剃发令，对江南等地的反剃发运动给予残酷的镇压，江阴、嘉定先后屠城，在高压政策下，剃发令最终推行全国。

清朝满族统治者推行“剃发易服”的原因一般认为，满族统治者希望通过剃发易服来打击、摧垮广大汉族人民尤其是上层人士的民族精神；保持满族的统治地位，保持满族不被汉族同化。后来的历史表明，满族统治者的这一措施基本达到了预期效果。汉人逐渐淡忘本民族服饰，习惯了满族的发式和服装。到辛亥革命推翻清帝国，号召民众剪去辫子时，仍然有许多人不愿意剪，其中原因之一就是害怕剪去辫子后被官府杀头，可见“留头不留发，留发不留头”的“剃发易服”政策对汉族影响极深。

《元宵行乐图》轴

知识链接　清军统一全国进程

顺治元年五月	清军占领北京。
十月	顺治迁都北京，创建大清中央王朝。
十二月	阿济格、吴三桂攻入西安，李自成率农民军向湖广转移。
顺治二年四月	史可法于扬州从容就义。
五月	南明福王政权覆灭。
闰六月	李自成在湖北通山县九宫山遇害。
顺治三年八月	清军占领漳州、泉州、福州，郑芝龙率兵投降。唐王死。
顺治五年	清军出兵湖广。
顺治七年	清军攻陷广州。
康熙元年	清军入缅甸，擒桂王，吴三桂在昆明杀害桂王父子。

康乾盛世

清朝入关时，采取了一些野蛮的掠夺政策。如在京畿大规模圈占土地，分配给满族的王公、官僚和将士。严厉处罚逃人

▲

北京故宫
乾清宫

及隐匿的窝主，使各阶层惴惴不安。政治上，清朝“首崇满洲”，强迫汉族按照满俗剃发易服，违者处死，不许满汉通婚。刑法方面，满汉之间、各个等级之间量刑标准亦不同。许多汉人虽在政府中任官，但实权掌握在满族官员手中。清廷特别对汉族乡绅和知识分子严加控制防范。江浙发生的通海案（与郑成功相通）、科场案（科举考试中舞弊）、奏销案（欠交钱粮）、文字狱，诛杀流放许多乡绅士子。又颁布迁海令，沿海25里内居民，均迫令迁移，不准商船渔船出海，使许多人破家失业。清初为适应新占领区的形势，政策也有其开明和进步的一面。

知识链接 **科场案** 清代处理科场舞弊的案件。清王朝建立后，恢复科举取士，科场积弊也随之沿袭下来。为了杜绝弊端，选拔真才，清统治者不仅制定了相当完备的科场条例，而且严厉惩办那些徇私舞弊特别是嘱托、贿买关节的人员。其次数之多，处理之严，打击面之广，为科举制建立以来所未有。顺治十四年（1657）、康熙五十年（1711）和咸丰八年（1858）的科场案，又是其中三大重要案件。

为缓和阶级和民族矛盾，实行奖励垦荒、减免捐税的政策，内地和边疆的社会经济都有所发展。入关伊始，即取消明末苛重的三饷（辽饷、剿饷、练饷），奖励垦荒，招集流亡，减轻赋役，使农业生产有所恢复。在政治上，礼葬崇祯帝，拉拢士人。招降明朝的文官武将，委以职任。为了笼络知识界，又开科取士，为他们开辟入仕做官的途径；尊重汉族大部分原有的制度和习俗，崇尚孔子和儒家文化。清朝政权虽属满族当权，却逐渐形成满汉地主阶级的联合专政。

顺治十八年（1661）顺治帝逝世，其子玄烨（即康熙帝）八岁即位，在位达61年，是中国历史上统治时间最长的皇帝。在位期间，擒鳌拜，削平吴三桂等三藩之乱，消灭占据台湾的郑氏政权、攻占台湾，平定准噶尔叛乱，打败沙俄侵略，签订《尼布楚条约》，并编纂了《古今图书集成》和《康熙字典》等。康熙帝去世后，雍正帝即位，打击腐败，整顿经济，推行改土归流，并且平定了青海。后继者乾隆帝编纂《四库全书》，建造圆明园，统一了新疆，但屡兴文字狱。至18世纪中叶，中国的封建经济发展到一个新的高峰，史称“康乾盛世”。

康熙帝像

从康熙初年到1840年鸦片战争以前，通过平定“三藩”与准噶尔部贵族分裂集团，以及统一台湾等国内战争，实现了全国的统一；特别是通过历次制止外国侵略的自卫战争，巩固了中国的边疆；又根据各地区不同情况，进行了一系列地方行政制度的改革，其中包括雍正一朝对西南各省进行的大规模“改土归流”，确定了对全国各地区由中央直接派员进行管辖而又适合各地特点的地方行政制度。因而，在鸦片战争以前统一的多民族的中国，不仅有明确的疆域范围，而且有完整的稳定的地方行政制度，对巩固和确立中国统一和领土主权，起了关键的作用。

八旗兵布库图

反对分裂和侵略的战争

平定准噶尔叛乱 清代康熙、雍正、乾隆三朝为统一西北地区与准噶尔贵族进行了多次战争。康熙时期，准噶尔部首领噶尔丹在俄国政府的怂恿支持下，于康熙二十七年（1688）进攻喀尔喀蒙古，并借口追击土谢图汗部余众，进军内蒙古乌珠穆沁。康熙帝三次率军亲征漠北。二十九年七月，他亲自进驻博洛河屯（今河北隆化）节制全军。八月一日两军在乌兰布通（今内蒙古自治区克什克腾旗境内）交战。噶尔丹仅率数千人逃回科布多。三十四年五月，噶尔丹东犯克鲁伦河（今蒙古国境内）以北巴颜乌兰。三十五年五月，康熙帝命费扬古统率清军在昭莫多（今蒙古乌兰巴托南之宗莫德）与噶尔丹主力军队激战竟日，噶尔丹军阵大乱，清军追击三十余里，歼敌数千。噶尔丹率残部仓皇西逃。次年春，康熙帝亲赴宁夏，进剿噶尔丹残部。同年三月，噶尔丹暴病而亡。继噶尔丹成为准噶尔部首领的策妄阿拉布坦，于五十五年进犯西藏，次年十一月攻占拉萨，造成西藏地方动乱。五十九年，清军进入拉萨，控制西藏政局，准噶尔残部逃回伊犁。

雍正时期，雍正五年（1727）噶尔丹策零继策妄阿拉布坦为准噶尔首领后，即遣使清廷要求派人入藏熬茶（向喇嘛寺庙发放

布施），清政府未允其请，并令噶尔丹策零将发动叛乱的青海和硕特部贵族首领罗卜藏丹津送回。一年之后，雍正帝决意出兵准部。八年，噶尔丹策零押送罗卜藏丹津的队伍行至中途，探知清军西进来讨，便返回伊犁。九年六月噶尔丹策零大败清军。十年六月，噶尔丹策零进掠克鲁伦地区，与清军相遇，双方在额尔德尼昭（光显寺）激战，准噶尔军队中伏被围，仅噶尔丹策零等率残部突围。

《抚远大将军西征图卷·进入拉萨》

乾隆时期，清政府为了完成对西北边疆地区的统一，曾两次出兵准噶尔部、进军伊犁。乾隆十年（1745）噶尔丹策零死。十七年达瓦齐在阿睦尔撒纳支持下夺取了准噶尔部统治权，不久两人又发生火并。十九年阿睦尔撒纳投清。清政府决定进军伊犁。二十年五月，达瓦齐退守格登山（今新疆昭苏县松柏边卡），遭清军夜

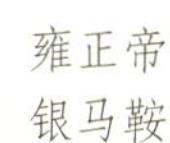

雍正帝银马鞍

▲

乾隆时期清代疆域图

袭，达瓦齐越天山奔南疆，在乌什为回部霍吉斯擒获，押交清廷。八月，阿睦尔撒纳发动叛乱。清政府于二十一年三月占领伊犁，阿睦尔撒纳逃入哈萨克阿克赉牧地。不久他又向俄国求援。二十二年二月清军再次进军伊犁。七月，阿睦尔撒纳兵败逃入俄境，不久死于痘疫。

清政府通过上述战争，打击了准噶尔贵族上层的割据势力，统一了西北边疆，有力地抵制了俄国势力的扩张。

雅克萨之战 明朝末年，沙皇俄国开始向我国黑龙江地区进

犯。康熙帝为了平定三藩，把大批兵力调到西南，有个俄国逃犯乘机带了84名匪徒窜到我国雅克萨，在那里筑起堡垒，四处抢掠。他们把抢来的貂皮献给沙皇，沙皇不但赦免了逃犯的罪，还派他当了雅克萨长官，想永远霸占我国土地。

▲

达瓦齐像

康熙帝刚刚平定三藩之乱，听到东北边境遭到侵犯，他亲自到盛京，一面派将军彭春、郎谈借打猎为名到边境侦察；一面要当地官员修造战船，建立城堡，准备征讨敌人。做好一切准备之后，派人送信给雅克萨的俄军头目，命令他趁早退出雅克萨，沙俄军不但不肯退出，反而向雅克萨增兵，准备跟清朝对抗。在和平解决无望的情况下，康熙帝发布了进军令。1685年，康熙帝派彭春为都统，率领陆军、水军三千余人，浩浩荡荡开到雅克萨城下，把雅克萨围了起来。沙俄军队经过几年的准备，把城堡修得十分牢固。彭春观察了地形之后，在城南筑起土山，让兵士站在土山上往城里放弩箭。城里的俄军以为清兵要在城南进攻，就把兵力拉到城南。哪儿知道清军却在城北隐蔽地方放了火炮，乘城北敌人防守空虚，突然轰起炮来。炮弹在城头呼啸着飞向城里，敌人的城楼被炮弹击中了，大火熊熊燃烧起来。此次战役俄军被清军打败。但是，遭到惨败的俄军并没有死心，他们打听到清军撤出的消息，过了不久，又带兵溜回雅克萨，把城堡修筑得更加坚固。边境的警报传到了北京，康熙帝决定把侵略军彻底消灭。第二年夏天，黑龙江将军萨布素再一次进军雅克萨。这一次，清军的炮火更加猛烈，俄兵几次出城反扑，都被清军打了回去，最后只剩下150人。沙俄政府慌忙派使臣赶到北京，要求谈判。康熙帝下令停止攻城。1689年，中国政府派出代表索额图，沙俄政府也派出戈洛文做代表，在尼布楚举行和谈，划分了两国边界，确定了黑龙江和乌苏里江流域的广大地区都是中国领土，这就是《尼布楚条约》，是中国与外国签订的第一个边境划分的平等条约。

政治制度的建立

清政权实行以满洲贵族为主体的满、蒙古、汉封建阶级的联合专政，是专制主义中央集权制度的高度发展形态。

政权体制 最初，军政大权操于议政王大臣会议，日常庶政归内阁。议政王大臣会议是清代前期满洲上层贵族参与处理国政的制度，具有民主参政、议政的形式，早在清太祖努尔哈赤建立后金汗国之初即已形成。当时满洲处于奴隶制向封建制转变之际，尚存有浓厚的奴隶主贵族军事民主的习俗。后金的军国大事，都由八旗贝勒共议裁决。八旗贝勒大都是努尔哈赤的子侄等宗室贵族。清太宗时将原来的旗主贝勒全部封王，并令除八旗固山额真继续兼议政大臣外，每旗另设议政大臣三员，在清代历史上正式出现了“议政大臣”的职名。此后，清王朝宗室贵族中的王与八旗固山额真、议政大臣共同议政的形式，即称为“议政王大臣会议”。 清王朝统一全国后，议政王大臣会议的成员有较多的增加，贵族中除亲王、郡王、贝勒参加议政外，贝子及公一级也有参加议政的。议政大臣除满洲八旗的固山额真和大臣外，蒙古八旗的固山额真及六部满、蒙尚书也列为议政大臣。其他如皇帝的侍从官员——内大臣、侍卫，以及王、贝勒府中的长史、旗下闲散等，也有被列为议政者。汉军八旗的大臣如范文程、宁完我等人也曾一度参与议政。当时在内廷还专设“议政处”，作为议政王大臣的办公处所。凡军国重务，不由内阁票拟者，皆交议政王大臣会议。其议政形式有二：一为廷议，一为交议。可以看出，清初政权是具有贵族政治、民主议政色彩，虽不能将其与近代民主相提并论，但毕竟已具有民主的形式，在我国历史上实属罕见。

康熙时，皇权加强，南书房协助皇帝参与机务。雍正时，创设军机处，为清代处理政务的最高权力机关。议政王大臣会议逐渐名存实亡，到乾隆时彻底退出政治舞台。

知识链接 **军机处** 清代官署名。亦称“军机房”“总理处”，是清朝中后期的中枢权力机关。雍正七年(1729)，因用兵西北，以内阁在太和门外，恐泄漏机密，始于隆宗门内设置军机房，选内阁中谨密者入值缮写，以为处理紧急军务之用，辅佐皇帝处理政务。十年(1732)，改称“办理军机处”，简称“军机处”。军机处的设立是清代中枢机构的重大变革，标志着清代君主集权发展到了顶点。

军机处值房内景

清朝军队 以八旗兵为主体。清初，八旗兵战斗力很强，待遇亦较优厚，但后来渐染城市习气，不习武事，逐渐丧失了战斗力。清朝入关，招降了大批明朝军队，建立绿营。

清代法律 结合满洲在关外时期的习俗，制度也沿用明律。顺治初已制定了《大清律》。乾隆帝初公布《大清律例》。

官员选拔 清朝继续以科举制作为培养、选拔官吏的“正途”。考试从四书五经中出题，写八股文章，思想内容和文章形式均有严格的程式，应试者受很大束缚，不能反映其真才实学。

清朝确立全国统治之后，采取各种措施发展生产，到康雍乾时期，经济繁荣，社会稳定，国力达到鼎盛。康乾盛世是中国封建社会的最后一个治世，由于统治者相继施行一系列缓和阶级矛

南书房原址

《黄河筑堤图》（局部）

盾、民族矛盾、维护统一的多民族国家的政治、经济措施，社会经济发展非常快。首先是耕地面积迅速增加，至雍正时已达到9亿多亩，超过了明朝万历时期。加上农业技术的发展，单位面积产量的提高，使全国粮食总产量大为增加。“康乾盛世”把中国封建经济推到高峰，中国的人口也在“康乾盛世”时突破了1亿大关；中国这个统一的多民族国家的疆域也是“康乾盛世”时奠定的基础，出现了中国历史上又一个治世局面，清朝也成为当时世界上最强大的帝国之一。

但盛世之下潜伏着巨大的危机。乾隆帝后期，清朝已走过了全盛阶段而逐渐衰微。康乾盛世不仅是清王朝的最后辉煌，也是已经辉煌了数千年的一个古老农业王朝的最后谢幕。从这个意义上说，康乾盛世是一个充满悲剧色彩的过程。悲剧，其实在盛世最为辉煌的时候就已经注定，在夺目的辉煌背后，注定要留下无尽的遗憾。内部人口膨胀，官员腐败日益严重；外部则是西方工业革命的爆发和资本主义的兴起。纵向来讲，中国已落后于世界发展的潮流，落后就要挨打，一曲晚清的夕阳落寞就将上演。

盛世伟绩

康熙朝　康熙帝巩固和加强了祖国的统一。对内平定了三藩之乱；降服了控制台湾的郑成功之孙郑克塽，使中国重新归于统一；1675年，派兵驱逐了盘踞在黑龙江流域雅克萨的沙俄侵略者，遏制了沙俄对华侵略的野心。1679年，派代表与沙俄代表签订了《尼布楚条约》，划定了中俄东部边界线；平定了回疆、准噶尔等反动贵族的叛乱；自康熙时期至19世纪中期，中国在北起外兴安岭，南至南沙群岛的曾母暗沙，西起巴尔喀什湖和帕米尔高原，东抵鄂霍次克海、库页岛和台湾广大而神圣的领土

▲

"育德勤民"玺及玺文

▲

《治河方略》

▲

"康熙通宝"铜钱

内，实现巩固了全国的统一，加强了中央集权，成为当时世界上强大的国家。

康熙帝注意恢复和发展生产。采取了一系列有利于社会经济恢复和发展的措施。鼓励垦荒，从1671年起，陆续放宽垦荒起科年限，并规定垦荒有成绩，据开垦多少，给予不同官职，这促进了垦荒的积极性，到康熙末年，全国荒地基本上得到开辟。1669年，康熙帝下令废除圈地令，以后永远停止圈地，并规定所圈土地应退还给农民。1685年，康熙帝又规定民间新垦田亩，"自后永不许圈"，从而在一定程度上限制了贵族旗主的经济扩张，有利于自耕农民。康熙帝还下令将明朝藩王的庄田改为"更名田"，免费交给原佃户耕种，田归佃户"永为世业"，变佃户为自耕农民。

为了使农村生产秩序稳定，康熙帝还把蠲免钱粮作为恢复经济的经常性的重要措施。除了水旱灾害例行全免之外，还往往一年蠲免几省，一省连蠲数年。1701年，又开始把全国各省分为三批，实施"轮蠲"，每三年轮免一次。这种措施一直持续到雍正、乾隆时期，乾隆时因为国家财力充足，还多次进行全国性普免。这种措施，使农民能有余钱投入生产，促进了农业的发展。

康熙帝还进行了赋役改革，实行"摊丁入地"，1712年清朝宣布，以康熙五十年的丁额为准，以后"盛世滋丁，永不加赋"，从而减轻了人民的负担。

康熙帝注意兴修水利，任用靳辅等治理黄河，减轻了水患。

康熙皇帝适应了历史发展的需要，进行一系列统一战争，使局势趋向稳定，清政权得以巩固，又通过一系列的文治，促进了经济、文化的发展，再经雍正帝、乾隆帝的努力，出现了康乾盛世的繁荣局面。中国社会经历了112年难得的和平生活。

雍正朝 雍正帝盛年登基，最主要的特点就是改革，可谓大刀阔斧，快刀斩乱麻。

整顿吏治。雍正帝一上台就大刀阔斧地整顿吏治。雍正元年（1723）正月，雍正帝连续下了13道谕旨，告诫各级文员不许贪污，不许受贿，不许克扣，武官不许吃空额，违者严重治罪。雍正帝还成立会考府，对财政进行审计，审计出问题的要严肃处理。学家评论雍正帝：“澄清吏治，裁割陋规，整饬官方，严惩贪墨，实为千载一时，彼时居官，大法小廉，殆成风俗，贪冒之徒，莫不望风革面。”雍正帝整顿吏治收到一定的时效。

雍正帝观书像

实施“改土归流”，在西南少数民族地区废除了土司制度，设立府、厅、州、县，巩固清朝政府对边疆地区的统治。

废除贱籍。雍正元年三月，监察御史年熙上书请除豁山西、陕西乐户的贱籍。山西、陕西乐户的祖先，是明朝永乐帝登基后，加害建文忠臣本人外，还将他们的妻女罚入教坊司，充当官妓，世代相传，久习贱业。年羹尧之子年熙在奏疏中说她们是忠义之士的后代，沉沦至此，无由自新，请求雍正帝开豁她们的贱籍，准许她们改业从良。雍正帝看到奏折后，很是赞同，于当年四月发出

“兢兢业业”玺及玺文

“亲贤爱民”玺及玺文

第一道“豁贱为良”的谕旨。雍正帝在下令开豁乐户贱籍的同时，又令各省检查，如发现本地也存在类似乐户的贱民，也准许他们出贱为良。

雍正帝先后下令取消贱民，取消贱籍，让他们编为民籍，这是社会的一种进步。这类人虽然人数不是太多，但是在历史上是有一种积极的进步意义的。

雍正帝在位13年，对许多事情做了重大的改革，特别在对一些制度方面做了些改革。所以说雍正帝在“康雍乾”三代中，起到了承上启下的作用，“康乾盛世”，严格说起来是“康雍乾盛世”。

乾隆朝　乾隆帝执政60年，虽好大喜功，但客观来说也对中国历史和中华民族有一定贡献。敕编《四库全书》，保存了我国许多的珍贵史籍典藏。1772年开始，经十年编成。《四库全书》是中国古代最大的一部官修丛书，分经、史、子、集四部，故名“四库”。今天《四库全书》的影印本全世界都有保存，让我们查询起来非常方便。避免了一些古代珍贵典籍的孤本、善本流散民间而失传。

乾隆帝酷爱汉文，勤于写诗，有卓越的诗文才华，留下了4万余首各体诗作。作为一个皇帝，一个业余诗人，他的诗作甚至

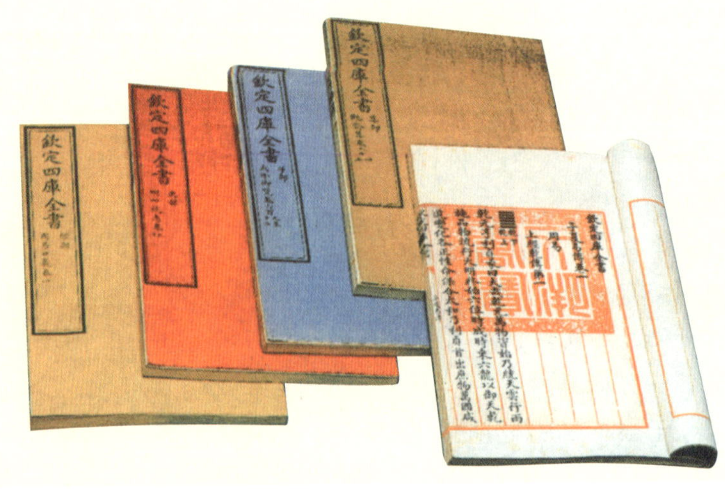

《四库全书》书影

与全唐两千多诗人的一共4万多首诗作不相上下。即使不论水平，不论民族，一个少数民族封建帝王对汉文化如此酷爱，也是对汉文化有一定积极意义的推动作用。

乾隆帝六下江南，虽然仿制江南园林广修园林，劳民伤财，但是也给现代人留下了许多园林景观，如今有的园林已经申报世界文化遗产。乾隆帝下江南期间，还修筑了江浙沿海的海塘为石塘，至今还在抵御着海潮。

▲

清代圣训

乾隆朝数次蠲免百姓的赋税，极大地改善了百姓的生活状况。

对待民族分裂问题上，乾隆帝粉碎了新疆地区大小和卓的武装暴乱，统一了整个新疆并制度化管理；打败了廓尔喀对西藏的进犯。乾隆五十八年（1793），清朝中央政府制定和颁行的《钦定藏内善后章程》二十九条，是中央政府对西藏行使主权的重要历史文献证明。

▲

清代玉牒

乾隆帝巩固了统一的多民族国家的统治，遏制了西方殖民者的侵略。乾隆大帝维护祖国统一，巩固中国版图，有“十全武功”之称，自称“十全老人”。

知识链接 **十全老人** 乾隆帝的自称。乾隆帝曾自我总结一生有“十全武功”，这“十全武功”指的是清乾隆时期的十次重大军事行动，即两次平定准噶尔之役，平定大小和卓之乱，两次金川之役，镇压台湾林爽文起义，缅甸之役，安南之役及两次抗击廓尔喀之役。乾隆帝因此自称“十全老人”，并作《御制十全记》，令写满、汉、蒙、藏四种文体，建碑勒文，以纪其事。

晚清夕阳

1796年，八十六岁的乾隆皇帝将帝位让于其子仁宗颙琰，年号嘉庆，自己为太上皇。嘉庆皇帝在位25年，在统治上一直延续其父的政治方针，清朝进入了缓慢发展的阶段。

1821年，嘉庆帝卒，道光皇帝即位，是为清宣宗。道光帝在位期间，西方各国已经开始进入中国的经济市场，他们以鸦片来敲开中国的大门，使中国的白银大量外流，人们深受鸦片毒害。

知识链接 **虎门销烟** 1839年6月清朝政府委任钦差大臣林则徐在广东虎门集中销毁鸦片的历史事件。1838年英国、法国等国的商人在广州地区疯狂贩卖鸦片，清朝政府派钦差大臣林则徐在两广总督邓廷桢和广大民众的支持下，缉拿烟贩，整顿海防，招募水师，限令外商交出鸦片，保证"永不夹带鸦片"。1839年6月3日，林则徐下令在虎门海滩当众销毁鸦片，至6月25日结束，共历时23天，销毁鸦片19 187箱和2 119袋，总重量2 376 254斤。虎门销烟是禁烟运动的高潮，是中国人民禁烟斗争的伟大胜利，是对于数十年来外商贩运鸦片的严正抗议和坚决打击，维护了中华民族的尊严，显示了中国人民反抗侵略的意志。

1838年，道光帝为了解决鸦片问题，任命林则徐为钦差大臣去广东主持禁烟。林则徐到广东后，打击烟贩，没收鸦片达两百多万斤，又在虎门当众将其销毁，即震惊中外的"虎门销烟"。

1840年，林则徐在虎门销烟以后，英政府以保护侨民为名，出动军舰企图进攻广州，史家一般以这一事件为中国近代史的起点。此时清王朝正值道光帝（1821—1851）在位。战争伊始，道光帝认为英军不堪一击，但随着战事的发展，英军围困珠江口、攻占浙江定海、直逼天津大沽，道光帝大为震惊，忙派琦善等人

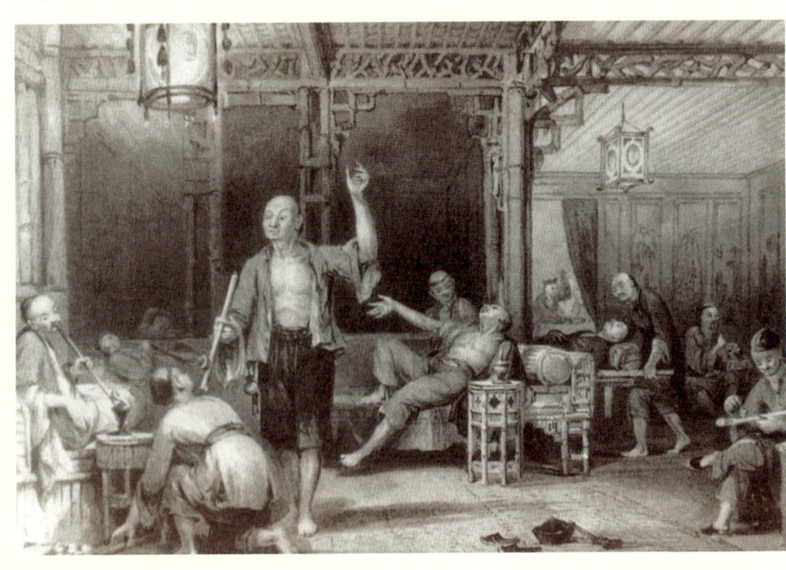

吸食鸦片者

▲

英法联军占领大沽炮台旧照

与英军谈判，同时又将林则徐治罪，重新开放广州。然而，英军并不满足于此，他们继续对虎门、宁波、厦门等地进行攻击，并于1842年攻占吴淞口。至此，清政府不得不与英国签订《南京条约》。此后，法国和美国也效仿英国，与中国签订了中法《黄埔条约》和中美《望厦条约》，中国的门户从此被打开了。根据这些条约，清政府被迫割地赔款、开放通商口岸，清廷的威信一落千丈，同时中国也自此逐步沦为半殖民地半封建的社会，主权受到严重损害。由于人民的负担逐年加重，因此引发了一系列的反抗运动，其中规模最大的太平天国运动，甚至一度对清朝的统治构成了严重威胁。

为挽救自身命运并增强国力，清政府内部有识之士展开了维新运动，试图革新图强，其中最为著名的是自19世纪60年代开始的洋务运动。随着洋务运动的开展，全国各地开始先后引入国外科学技术，开设矿业、工厂，建设铁路，架设电报网，创办新式学校、培训技术人才；同时也成立了新的军事工业，逐步改进清军的武器装备和作战方法。

洋务运动使得清朝的国力有了一定程度的恢复和增强，到慈禧太后与恭亲王联合执政的同治年间，清朝在文武齐心合力之下，一度出现了较安定的局面，史称“同治中兴”。其间清朝在西方人的帮助下成功消灭太平军、平定捻军，并收复新疆，在国际上的地位和形象因此有相当大的改善。

19世纪80年代，清朝军队的装备和洋务运动之前相比已有了

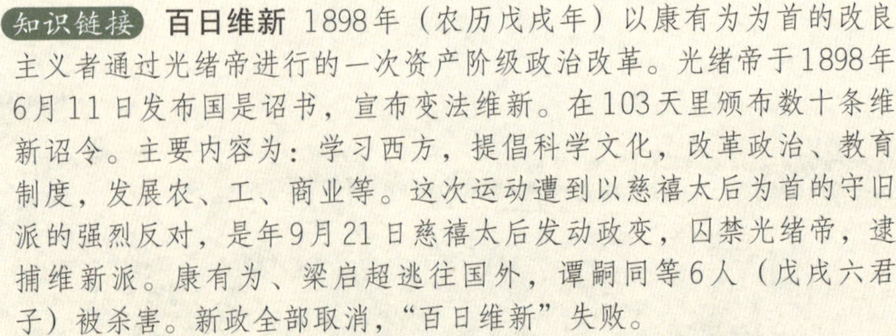

知识链接 **百日维新** 1898年（农历戊戌年）以康有为为首的改良主义者通过光绪帝进行的一次资产阶级政治改革。光绪帝于1898年6月11日发布国是诏书，宣布变法维新。在103天里颁布数十条维新诏令。主要内容为：学习西方，提倡科学文化，改革政治、教育制度，发展农、工、商业等。这次运动遭到以慈禧太后为首的守旧派的强烈反对，是年9月21日慈禧太后发动政变，囚禁光绪帝，逮捕维新派。康有为、梁启超逃往国外，谭嗣同等6人（戊戌六君子）被杀害。新政全部取消，“百日维新”失败。

日晷

明显的提高；在1884年至1885年中法战争期间的一系列战役中，清军和法军互有胜负。战后，清朝设立了海军衙门，并建成了近代海军舰队——北洋水师。

洋务运动虽然取得了很大的成果，但是由于时人多数未明国际形势，少数人的急迫性并无法改变多数官僚的旧思维，清朝的自强运动最终未达到日本明治维新的成效，结果导致1894年中日甲午战争的失败，并于1895年与日本签订《马关条约》。随后，由光绪帝与康有为、梁启超领导发动的政治改革运动——戊戌变法，又因为慈禧太后和保守派的反对，变法失败。因为只有103天，史称“百日维新”。

嘉量

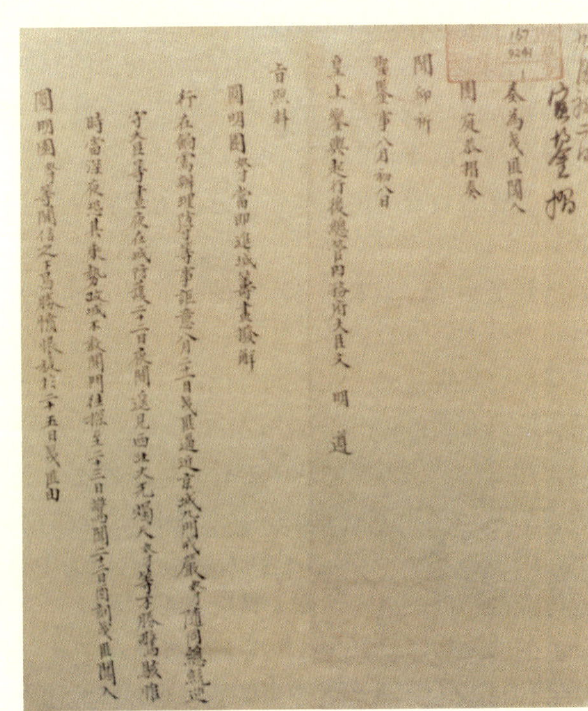

英法联军火烧圆明园事折

知识链接 **皇族内阁** 1911年（宣统三年）5月8日，清政府在立宪派国会请愿运动的压力下，颁布《新订内阁官制》，实行所谓“责任内阁制”。裁撤旧设内阁及军机处，成立由13名国务大臣组成的新内阁，以庆亲王奕劻为总理大臣，那桐、徐世昌为协理大臣，下设外务部、学部、民政部、度支部、陆军部、海军部、法部、农工商部、邮传部、理藩部十部，以梁敦彦、善耆、载泽、唐景崇、荫昌、载洵、绍昌、溥伦、盛宣怀、寿耆分任各部大臣。13人中，满洲贵族9人，汉族官僚仅4人，而满洲贵族中皇族又占7人。这是一个以皇族为中心组成的内阁，人们称之为“皇族内阁”或“亲贵内阁”。

清画珐琅瓜瓣花卉唾盂

19世纪末，中国国内的排外情绪开始高涨，引发义和团运动仇杀洋人，八国联军入侵。1901年因此而签订了丧权辱国的《辛丑条约》。慈禧太后为了笼络人心开始推行“新政”，进行了包括建立新军、废除科举在内的一系列改革。不久，中国发生了立宪与革命的改革路线之争，一开始立宪派占上风，清政府也答应实行君主立宪。不过，1911年5月组成的“责任内阁”中的大多数成员为皇族身份，故被称为“皇族内阁”，结果引发立宪派的不满。同年10月，武昌起义爆发，各省随后纷纷宣布独立，清朝的统治开始瓦解。清帝于1912年宣布退位，标志着中国两千多年来的君主制度的终结。

清剔红山水开光人物葵式盒

知识链接 **清帝世系**

太祖：努尔哈赤，年号天命（1616—1626），葬于福陵（沈阳东陵）
太宗：皇太极，年号天聪（1627—1636）、崇德（1636-1643），葬于昭陵（沈阳北陵）
世祖：福临，年号顺治（1644—1661），葬于孝陵（清东陵）
圣祖：玄烨，年号康熙（1662—1722），葬于景陵（清东陵）
世宗：胤禛，年号雍正（1723—1735），葬于泰陵（清西陵）
高宗：弘历，年号乾隆（1736—1795），葬于裕陵（清东陵）
仁宗：颙琰，年号嘉庆（1796—1820），葬于昌陵（清西陵）
宣宗：旻宁，年号道光（1821—1850），葬于慕陵（清西陵）
文宗：奕詝，年号咸丰（1851—1861），葬于定陵（清东陵）
穆宗：载淳，年号同治（1862—1875），葬于惠陵（清东陵）
德宗：载湉，年号光绪（1875—1908），葬于崇陵（清西陵）
恭宗：溥仪，年号宣统（1909—1912），葬于献陵（清西陵）

清帝略史

努尔哈赤 明嘉靖三十八年（1559）出生在建州左卫苏克素护部赫图阿拉城的一个满族奴隶主家庭。明万历十一年（1583），努尔哈赤不屈奋起，以父、祖遗甲十三副起兵，“自中称王”。他率领八旗子弟转战于白山黑水之间，临大敌不惧，受重创不馁，以勇悍立威，受部众拥戴，历时三十多年，统一女真各部，推动了女真社会的发展和满族共同体的形成。万历四十四年（1616），在赫图阿拉建元称汗，国号大金（史称后金）。努尔哈赤兵势渐强，势力日增，万历四十六年（1618）以“七大恨”祭天，誓师征明，开始了为清王朝的建立艰苦创业，在中华民族的历史典册中，他的英明和业绩将与世长存。与明将袁崇焕在宁远（今辽宁省兴城市）交战中，大败受创而回，于天命十一年（1626）八月死去。终年六十八岁，葬于沈阳城东，称之“福陵”。庙号“太祖”。

努尔哈赤

皇太极 清朝开创者努尔哈赤第八子，其母叶赫那拉氏。皇太极生于明万历二十年（1592）。在位17年，卒于清崇德八年（1643）。庙号“太宗”。即位不到十年，统一整个东北，并南下朝鲜，西征蒙古，屡挫大明官兵。天聪十年（1636）四月，将族名改称“满洲”，改元大清，年号天聪、崇德。他雄心勃勃地挥师西进，兵锋所指，京畿震惊。经过松锦两次决战，尽歼明军

皇太极

精锐，山海关外，仅存宁远一座孤城，大明江山岌岌可危。皇太极博览群史，气度恢弘，军事上有勇有谋，政治上极富开拓精神，既有强烈的民族意识，又十分向往汉族文化，兴利除弊，优礼汉官，堪称“上承太祖开国之绪业，下启清代一统之宏图”的创业之君。1643年“无疾而终”于清宁宫，葬于沈阳城北陵，称“昭陵”。

顺治帝 福临是清朝入关后的第一位皇帝。皇太极第九子，生于崇德三年（1638），崇德八年在沈阳即位，改元顺治，在位18年。卒于顺治十八年（1661），终年二十四岁。庙号“世祖”。顺治帝幼年即位，由叔父多尔衮辅政。十四岁亲政。顺治帝天资聪颖，读书勤奋，他吸收先进的汉文化，审时度势，对成法祖制有所更张，且不顾满洲亲贵大臣的反对，倚重汉官。为了使新兴的统治基业长治久安，他以明之兴亡为借鉴，警惕宦官朋党为祸，重视整饬吏治，注意与民休息，取之有节。但他少年气盛，刚愎自用，急躁易怒，当他宠爱的董鄂妃去世后，转而消极厌世，终于匆匆走完短暂的人生历程，英年早逝。

顺治帝

康熙帝 玄烨，顺治帝第三子，生于顺治十一年（1654），是中国历史上在位时间最长的皇帝，在位61年。康熙帝自幼勤奋好学，文韬武略样样精通，清除鳌拜，撤除三藩，统一台湾，平定准噶尔叛乱等一系列军事行动中或御驾亲征，或决胜千里，充分显示了他的军事才能。慎选人才，表彰清官，修治河道，笼络汉族知识分子等行为，又反映了康熙帝是一位出色的政治

康熙帝

家和睿智的君主。和玄烨的政治生活相比，他的家庭生活并不美满，诸皇子夺储之争，使他心力交瘁。庙号“圣祖”。

雍正帝

雍正帝 胤禛，康熙帝第四子，生于康熙十七年（1678）。康熙六十一年，四十五岁的胤禛继承帝位，在位13年，逝于圆明园。庙号“世宗”。胤禛是在康乾盛世前期——康熙末年社会出现停滞的状态下登上历史舞台的。复杂的社会矛盾，为胤禛提供了施展抱负和才干的机会。他有步骤地进行了多项重大改革，高瞻远瞩，又唯日孜孜，励精图治，13年中取得了卓有成效的业绩，为后代的乾隆帝打下了扎实雄厚的基础，使“康乾盛世”在乾隆时期达到了顶峰。他的历史地位，同乃父康熙帝和乃子乾隆帝相比，毫不逊色。尽管他猜忌多疑，刻薄寡恩，统治严酷，但比起他的业绩来，毕竟是次要的。

乾隆帝 弘历，雍正帝第四子，生于康熙五十年（1711），卒于嘉庆四年（1799）。在位60年，退位后又当了三年太上皇，终年八十九岁。庙号“高宗”。乾隆帝即位之初，实行宽猛互济的政策，务实足国，重视农桑，停止捐纳，平定叛乱等一系列活动中，充分体现了他的文治武功，乾隆帝向慕风雅，精于骑射，笔墨留于大江南北，且是一个有名的文物收藏家。他在位期间编纂的《四库全书》共收书3 503种，79 337卷，36 304册，其卷数是《永乐大典》的三倍，成为我国古代思想文化遗产的总汇。但乾隆帝为人重奢靡，晚年时国库财用耗竭，并重用贪官和珅，以至农民起义如白莲教起义等在其晚年也已层出不穷，是清王朝从强盛走向衰败的标志。

乾隆帝

嘉庆帝 颙琰，乾隆帝第十五子。生于乾隆二十五年

（1760），五十四年被封为嘉亲王，乾隆六十年登基，改元嘉庆，在位25年。卒于嘉庆二十五年（1820），终年六十一岁，庙号“仁宗”。嘉庆帝是一位勤政图治的守成君主。他亲政后采取的一系列政策和措施，对于改变乾隆后期的种种弊政起了一定的作用，但没有、也不可能从根本上扭转清代衰败之势。从嘉庆帝个人来说，他始终开不出一个根治日趋严重的腐化和怠惰的药方，对一大批“尸禄保位”的官僚只能警告、恫吓，最终徒呼奈何而已。他对西方殖民主义者的侵略有一定的认识，但对于一个日趋衰弱的封建的古老国家，不可能真正有效地对付外来侵略者，此后只能沿着衰败的道路滑下去。

嘉庆帝

道光帝 旻宁，嘉庆帝第二子，生于乾隆四十七年（1782），卒于道光三十年。在位30年，终年六十九岁。庙号“宣宗”。才智平庸的道光帝徒以俭德著称。他处于历史转折的关键时刻，“守其常而不知其变”。来自东南海上的鸦片流毒和英军入侵，使他寝食不安。他想严厉禁烟，也曾下决心抗击侵略者，但不知英国来自何方，不知殖民主义为何物。平素无知人之明，临危无应变之策，以至战守茫然，毫无方略，只能在自恨自愧中顿足叹息，结果忍辱接受英国的城下之盟，签订了近代史上第一个不平等条约——中英《南京条约》。道光帝柄政30年，朝纲独断，事必躬亲，但内政事物，如吏治、河工、漕运、禁烟等均无起色。勤政图治而鲜有作为，正是他一生的悲剧所在。

道光帝

咸丰帝 奕詝，道光帝第四子。道光十一年（1831）生于北京圆明园。咸丰十一年（1861）病故。在位11年。庙号“文宗”。咸丰即位时，以洪秀全为首的太平天国起义在广西紫荆山前金田村爆发。接踵而来的又有英法联军之役，迫使咸丰帝逃往热河承德。咸丰帝在位时期，民怨沸腾，“大局糜烂，不可收拾”，往往中夜彷徨，一筹莫展，遂沉湎于声色，纵欲自戕，临死前两天还传谕“如意洲花唱照旧”。志高才疏的咸丰帝陷于祖宗的框框之中，终未能跨过这一门槛，带着无穷的忧虑，于三十一岁即去了那个没有忧虑的世界。

咸丰帝

同治帝 载淳，咸丰与叶赫那拉氏的独生子。生于咸丰六年（1856）。同治十二年（1873）亲政，次年卒，年仅十九。庙号“穆宗”。同治帝在位14年，在此期间，清朝政府依靠曾国藩、李鸿章、左宗棠等一批重臣镇压了太平天国等一系列的农民起义；创办了一些所谓的“洋务新政”。但这些与同治皇帝都没多大关系，当时的实际统治者是慈禧。

同治帝

光绪帝 载湉，同治十年（1871）出生于北京宣武门太平湖畔醇亲王府，其父奕譞是道光帝第七子，其母是慈禧的胞妹，这种特殊的家庭环境，使他在同治病故之后被指定为皇帝，在位34年，光绪三十四年（1908）病逝，终年三十八岁，庙号“德宗”。光绪帝十九岁亲政，他富有年轻人的进取精神，愿意接受新思想，“不甘作亡国之君”，积极支持变法，一度成为维新派心中的

光绪帝

“救世主”。但变法危及封建守旧势力的利益，遭到以慈禧为主的清室贵族的阻挠。戊戌变法的失败，使清王朝改变旧章的一线生机被扼杀。光绪帝没有勇气冲破封建伦理思想的束缚，“天颜戚戚，常若不悦”，心境悲怆，终其一生是屈辱和哀怨的悲剧命运。

宣统帝 溥仪，于光绪三十二年（1906）出生北京什刹海边的醇亲王府。1967年在北京病逝，终年六十一岁。著有自传《我的前半生》。宣统帝即位三年，孙中山倡导的资产阶级民主革命条件日趋成熟，清王朝的败亡已经是不可逆转的趋势。清廷只得以光绪帝的未亡人隆裕皇太后和末代皇帝宣统的名义颁发退位诏书。1931年溥仪在侵华日军策划下被挟持至东北。1932年3月出任日本傀儡政权“满洲国”执政。日军战败后被俘，经改造后被特赦。曾任中华人民共和国政协委员。

溥仪

第三章 走下神坛

1911年辛亥革命以后，清朝作为中国最后一个封建王朝，已逐步淡出时代舞台。失去特殊政治地位的满族贵族及普通满族人，在革命成为主流话语的激荡洪流中，生活走向败落，并因社会所普遍存在的对满族人的歧视而被迫隐姓埋名。在国家、民族面临生死存亡的境地里，满族人与其他各族人民一道，拿起武器，最终迎来新生。新中国成立以后，随着民族区域自治政策的推行，满族走向了繁荣、幸福的康庄大道。

隐姓埋名

辛亥革命推翻了清王朝的政权，结束了我国几千年的封建统治，也使整个满族的政治经济地位发生了很大变化。皇室和满洲贵族，虽然享有一定的特权，但其剥削统治受到巨大阻力，剥削收入也日益减少，不少人坐吃家产，迅速从贵族转变成平民；普通的满族人则彻底摆脱了八旗制度的束缚和满族贵族的控制，走向了新生活。

从右至左：隆裕皇后、裕大奶奶（裕庚之妻）、容龄、慈禧、德龄、瑾妃

1912 年 1 月中华民国成立，隆裕太后代表宣统皇帝公布了“逊位”诏书。当时规定了优待皇帝、皇族条件，这些条件的精神是：皇帝尊号不废，待以国君之礼，每年供其新币四百万元费用，暂住宫中，以后迁居颐和园，宗庙陵寝及其私产派兵保护；皇族世爵依旧，免于当兵，享有一般公民权；满、蒙古、回、藏王公的世爵与宗教信仰依旧，满、蒙古、回、藏各族与汉族平等。规定中还有：先筹八旗生计，于未筹定之前八旗兵弁俸饷仍旧支放。根据当时老人的记忆，粮食只发了两年就没有了。袁世凯当政时，饷银标准和宣统三年时差不多。1916 年袁世凯死后，饷银开始有拖欠现象，到 1919 年时一般旗兵只能在三大节日（春节、端午节、中秋节）领到一些钱，一个月饷三两的马甲，只能在节日中领 50 个铜元。

清末醇亲王载沣，右侧是溥仪

清帝退位诏书

对旗兵的饷银自1924年全部没有了，八旗兵彻底解体，走出营房各自谋生。

知识链接 关于大清皇帝辞位后之优待条件

第一款：清帝辞位之后，其尊号仍存不废，以待遇外国君主之礼相待；

第二款：清帝辞位之后，其岁用四百万两（元），由中华民国给付；

第三款：清帝辞位之后，暂居宫禁，日后移居颐和园，侍卫照常留用；

第四款：清帝辞位之后，其宗庙陵寝，永远奉祀，由中华民国酌设卫兵保护；

第五款：清德宗陵寝，未完工程，如制妥修，其奉安典礼，仍如旧制，所有实用经费，均由中华民国支出；

第六款：以前宫内所有各项执事人员，得照常留用，惟以后不得再招阉人；

第七款：清帝辞位之后，其原有之财产，由中华民国特加保护；

第八款：原有禁卫军，归中华民国陆军部编制，其额数俸饷，仍如其旧。

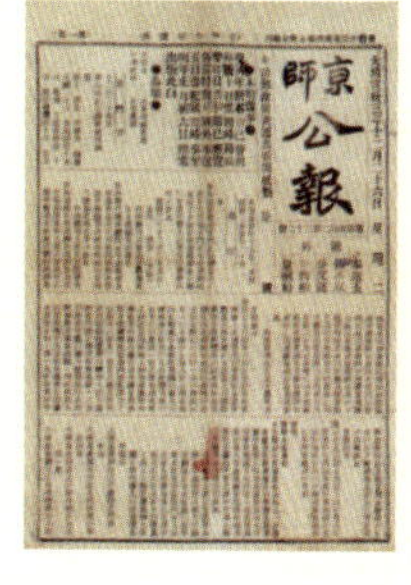
京師公報

京师公报——清帝退位号外

其实，旗人的生计问题并非是到民国时期才开始出现。早在清代中晚期，除了处于社会上层的达官贵人过着奢靡的生活外，普通旗人的生活已是举步维艰，旗人生计一直都是困扰满族统治者的一道难题。在清朝入关之初，因八旗人口较少，又有一定的土地，故生计不成为严重的社会问题。清朝为维持满族的统治地位，还在官缺中专门设置了“满缺”这一特殊要求，专为满人做官提供一定名额，保持了满人特殊的政治地位。然而随着时间推移，满族人口增长的特别迅速，而官职名额都没有相应的增加。再加上清政府不准许满人自谋生路，因此，满人出现了生计问题。一些旗人也逐渐丢掉尚武精神，转而追逐享乐，京城的一些

孙中山

旗人往往无所事事，酗酒、赌博等恶习不一而足，尽管清朝加强对旗人的教育并采取种种措施，力图维持满人的统治地位，然而，由于八旗人员逐步脱离生产，故收效并不大，成为清朝一代一直持续面临的重大政治问题。到了民国，满人失去了特殊的政治地位和保障，大多数底层旗人的生活更是苦不堪言。

1912年8月24日孙中山到达北京，9月5日在西四广济寺会见北京各界旗人代表。他在会上指出："辛亥革命的迅速胜利和减少流血，是与广大北方旗人的顺应历史潮流分不开的。"有人问："关于旗人生计，民国有救济法否?"孙中山回答："现在五族一家，各于政治上有发言之权。吾意对于各种工业，应即依次改良，使各旗人均有生计，免致失业。"他指出解决问题主要靠旗人自食其力。自此以后，八旗除各自建生计处外，又成立了许多组织，如满族同进会、八旗生计维持会、宗族生计维持会、旗籍生计研究会、共和旗族生计同仁会、两翼八旗生计研究会、内务府三旗共和协进社、外三营生计协进会、八旗生计讨论会等。

当时北京东城的八旗生计处开办了一个仅收留爱新觉罗氏家

首都剧场

▲旗务工厂售品处

族子弟的教养工厂，内容有织布、印刷、制乐器等。该生计处（又名首善工厂）还在北京最繁华的商业街王府井开办了一个售品部（今首都剧场）。其余各团体，几乎没办成什么有影响的实事就解体了。这些团体解体的原因有三个：第一是缺乏资金。当时办这些经济实体的资金渠道有三个，一是旗租，二是各旗捐助，三是王府捐助，而这三项均无保证。第二是负担太重。1900年，八旗子弟组成的神机营以及护军和义和团一起围攻过外国使馆，又参加了对入侵的八国联军的巷战，老舍先生的父亲就是死于八国联军屠刀下的一名“护军”（拜亚拉）。当时的年轻兵丁被八国联军杀死无数，留下了大批孤儿寡母，需建孤儿院、养老院养活这些人。第三是缺乏会经营管理和懂生产技术的人才。

当时社会上排满情绪十分严重，特别是一些机关和学校，对满人的另眼看待相当严重。排满问题在辛亥革命成功后表现的尤为突出。在政治上，满洲的八旗军队被解散，贵族学校被撤销，民族特权被取消。经济上，满洲官员没有了俸禄，八旗兵没了饷银，满族百姓甲粮被停发，王庄旗田被丈放。在居住区上，也发生了很大变化，满族营业居住等限制一律免除，旗人居住区被冲破，逐渐出现各民族杂居局面。满族从一个特权民族，沦落成为一个普通的甚至是地位低下的民族。这个时候的满族人民，尤其是北京的旗人，面临着两个重大问题，就是民族歧视和生计困难。正是因为有了民族歧视，他们的生计问题才更难解决。另外民国之后，原先的上层旗人也逐渐失去了经济和政治优势，沦落到底层中来。有的即使还有经济上的优越，但是政治地位已经一落千丈，就更容易受到歧视。

旗人练武（《北京风俗图谱》）

在清代，由于旗人袖手坐食，引起民人不满，因而将他们称为“干点心”“臭糜子”“穷吃俸禄的”“满洲佬”“满洲婆”“满洲仔”等，民国时期，这些称呼并没有绝迹。出于戏谑或嘲弄，有人进而在“旗人”的称呼或习俗方面大做文章。当时广为流传这样一段某衙役与某旗人的对话。衙役问：“你是什么人?”旗人答：“我是旗人。”衙役大怒：“什么？你骑人！老爷才骑马，你敢骑人!”抡鞭就打。旗人忙辩解：“不是骑人，是在旗。”衙役怒气更大：“我打你就因为你骑人，还敢再骑！再骑还打你!”无独有偶，吉林北兰屯，人们有时用“兔儿兔儿你再骑（在旗）”之类的话来讥骂旗人。除少数有房有产有积蓄的王公贵族可以维持坐吃山空的生活外，一般满族人民是没有生活来源的。郊区看坟的和庄户中的满族人可以就地从事农业、养殖业为生，而原在营房里的满族人欲卖无物，欲业无门，要想在社会上求职业，一

扔石锁（《北京画报》）

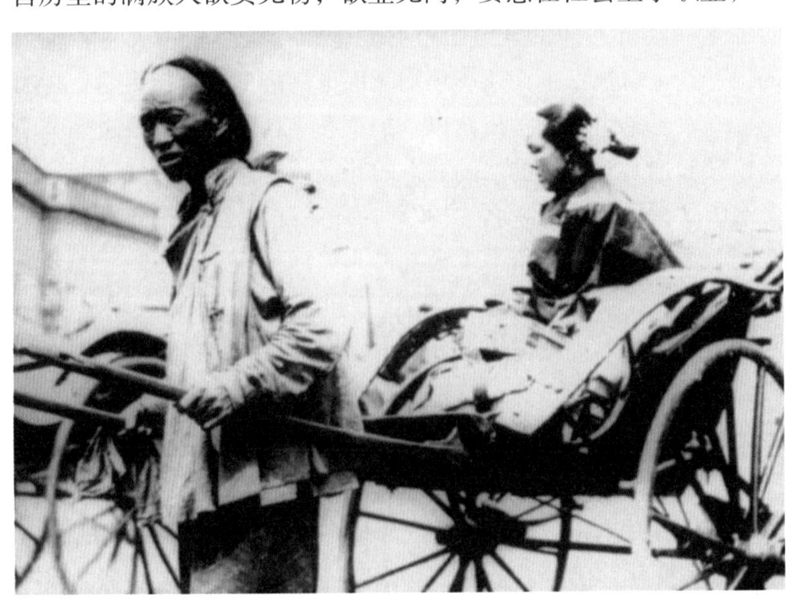

拉人力车的旗人

八旗阅武楼

听是满族人就不要。当时又传闻西安满族被屠城的消息，更使北京满族人受到刺激，一部分人开始隐姓埋名，隐瞒自己的民族成分。据说，当时镶黄旗南营的三十多户中，易汉姓后出现了赵、关、鲍、傅、胡、贺、马、佟、钮、柯、麻、刘、倭、侃等 14 个姓氏。广州旗人则多改姓佟、鄂、那等姓氏。有的一家人出外打工改好几个姓，其目的是为了避免彼此牵连。在求职书上填写籍贯或通信写住址的时候，旗人一般回避“营”而改写为“村”，如“镶黄旗”写作“香山北辛村东南营”，“外火器营”写作“外火器村”等，有的干脆将旗营名称完全隐去。即使改了姓，更了籍，很多满族人仍旧不能泰然处之，如广州满族“有的将自己的籍贯改为番禺、南海，但又怕遇到那些地方的人。族人之间不敢联系，唯恐被人发现”。其压抑和苦恼可想而知。

练功石锁

北京在当时是个消费城市，工业不发达，据章晋普在《满族谈往》一书中说：“满族人的主要出路是开蒙馆当私塾先生，行医，鬻卜，教练弓马，挑选布库，搭棚匠，裱糊匠，瓦匠等小工，还有的当了新军成了军阀部队的炮灰，京师禁卫军大多数人转成了警察，年轻力壮的在扩充邮政、电业、印刷室当了工人。”有生计的是少数，更多的是无计谋生而死于他乡。旧北京走街串巷打鼓的，收卖破烂的大脚妇女，卖硬面饽饽的老人，多半是满族平民。

王公贵族失去了昔日政治地位，多数仍不改过去饱食终日的生活，有的打肿面孔充胖子，靠典卖祖产度日还要保持表面的虚荣。到20世纪二三十年代，关于满族贵族、显宦穷困潦倒，以致倒毙城门洞、会馆；或者兄弟为争祖产而对簿公堂；乃至世子王孙上街拉洋车；侯爵夫人拉车卖萝卜之类的新闻屡屡出现在各类报刊上。

自1912至1928年，直奉皖军阀就像走马灯一样在北京轮番当政，连年不断的军阀混战，给北京市民带来莫大灾难。1923年5月13日《益世报》报道：京西蓝靛厂、香山、圆明园一带是满族人集聚区之一。原先满族人多为皇室服务，以月饷为生，近年来断绝了他们月饷生活来源，有劳动能力的人纷纷赴他乡谋生，无路奔投的靠卖衣物家当度日，无家当典卖的便到粥厂讨领稀粥充饥。军阀战争使粥厂也难以维持，粥厂停止放粥后，使以此为生的满族人陷入绝境，投河自缢者不断发生，卖妻卖子时时可见，更多的人四处乞讨，贫寒饥饿使京郊满族人处于绝望之中。

满族人民不再受满洲贵族借以奴役本族人民的八旗制度约束了，他们进入了社会，接受了民主共和的观念，进而与汉族等各

允祐王府原址

族人民一起参加了反帝反封建的英勇斗争。1916年4月10日晚，北京拱卫军中的满汉官兵因要求恩饷哗变，袁世凯派军队镇压，枪决军官7人，士兵80人。1919年3月16日，北京丹凤火柴公司一百多名满汉工人，为反对资本家强迫工人无偿加班举行罢工。1921年，北京永丰地毯厂工人在工会常委王允（满族）、徐俊卿（汉族）的领导下罢工。其他行业的工人也支持了这次斗争，迫使资本家做出了减轻工作量和改善伙食的让步。1921年6月30日，15所大中小学的教员到新华门索薪，1922年3月8日，又有北京市汉满中小学教员代表500人为索薪向北京市政府请愿。

绥远旗城遗留的老屋

中国共产党成立后，北京是中国共产党最早活动的地方之一，满族人民在党的宣传和教育下，对于革命逐渐有所了解，尤其是加入到工人阶级队伍中的满族贫民，更从中国共产党的主张中看到了自己的前途和希望。北京长辛店铁路工厂是我国工人运动的中心之一，也是满族工人比较集中的工厂之一。这个厂的工人领袖王俊是满族人，他早在1919年就和满族工人邵仲森、董世章参加了“爱国十人团”，上街游行，支持五四学生运动，高喊“打倒卖国贼”！中国共产党成立后，王俊入了党。1922年8月，王俊和其他同志一起领导了长辛店铁路工厂的“八月罢工”，有力地打击了封建军阀，鼓舞了工人的胜利信心。1922年冬天，王俊被选为参加共产国际第四次代表大会的中国工人代表，在苏联受到列宁接见并合影留念。王俊还代表中国工人参加了赤色职工国际大会，在会上代表中国代表团做了《一年来中国工人运动》的报告。

八旗火炮炮身图案

1924年11月5日，冯玉祥的国民军把溥仪驱逐出皇宫后，京师八旗兵的钱粮就此结束。冯玉祥走了，张作霖来了。1925年5月14日，奉系军阀为争夺北京政权及京畿旗产进驻北苑、西苑一带，声言八旗营房是军营，强行进驻火器营等满族民宅，致使许多满族人不堪忍受欺辱，纷纷逃离家乡，使营房满族人数再一次锐减。自1927年“四一二”和“七一五”反革命政变以后，北京成为新旧军阀相互争夺的重要地区。当时盘踞在北京的奉系军阀张作霖，一方面大肆搜捕、迫害共产党人和进步人士，另一方面则调兵遣将，对付节节进逼的国民党新军阀部队，一时间北京地区战争阴云密布，附近地区大小战斗时有发生，城外营房中的满族男人不少被拉去参加军阀部队充当了炮灰。

新民主主义革命时期，许多满族志士投入到轰轰烈烈的革命浪潮中，为反帝反封建的斗争、抗日战争、解放战争做出了巨大的贡献。五四运动以后，在党的教育下，满族工人懂得了劳工神圣，积极加入红色工会，参加罢工斗争。1922年，长辛店铁路工人的大罢工就有不少满族工人积极参加，正因为满汉工人的团结斗争，迫使厂方做出让步，斗争取得了胜利，这不过是满族反帝反封建斗争的一个代表。事实上，东北地区很多罢工、集会都有满族人民的身影，他们自觉参加斗争，并站在斗争的前列，反映了满族人民的觉醒和伟大的爱国主义精神。抗日战争时期，东北是最早遭受日本侵略的地区，在党的领导下，满族人民和其他各族人民一道，投入到伟大的抗日战争中去，涌现出一大批抗日英雄。像陈翰章、关化新、邓铁梅等，都是著名的抗日英雄，他们是这场伟大战争中满族人民的代表。解放战争时期，满族人民将子弟送入解放军，并积极支援解放战争，出民工、抬担架，以各种形式有力支援了解放军，最终，满族和全国各族人民一道，赶走了国民党腐朽政权，迎来了新生。

陈翰章塑像

邓铁梅

民族自治地方

1949年前，东北地区的满族人民深受日本帝国主义的残酷掠夺和奴役，以及国民党反动派的压榨，生活极为贫困。散居在中原地区的满族人民也深受帝国主义、封建主义、官僚资本主义的压迫、剥削和歧视，许多人改名换姓，隐瞒民族成分，生活朝不保夕。中华人民共和国成立后，满族作为祖国民族大家庭中的一员，与全国各兄弟民族一样，进入了一个崭新的时代。满族人民同样享受着民族平等和当家做主的权利，过去被迫隐瞒民族成分的人，恢复了自己的民族成分。

1978年以后，随着国家民族政策的进一步落实，民族事业更加兴旺发达。20世纪80年代，经国家批准相继在满族人口比较集中的辽宁新宾、清原、桓仁、本溪、宽甸、凤城、岫岩、北镇，吉林伊通，河北丰宁、青龙、宽城、围场建立了满族自治县或满族蒙古族自治县，在东北、河北、北京等地区还建立了大量的满族乡。

提起满族自治政策，不得不说的是李维汉晚年为完善民族区域自治政策所做出的一个重要贡献。早在延安时期，李维汉担任中央西北工作委员会秘书长，主持了对回族和蒙古族的调查研究，起草关于回回民族和蒙古民族的两个提纲，成为我们党系统研究少数民族问题的开端。新中国成立后，李维汉担任中央统战部部长和中央民族事务委员会主任，长期主管统一战线和民族工

新宾满乡冬景

故里晚霞

作，主持制定了《民族区域自治实施纲要》，对中国民族问题的理论和实践做出了重大贡献。截至1983年，我国百万人口以上的15个少数民族，除满族外，都有了自治区或自治州；人口在十万以上的民族，除畲族因居住十分分散以外，也都有了自治地方；人口十万以下以至万人以下的民族中也有14个民族建立了自治地方，但均不包括满族。一些满族干部和群众通过不同的途径向中央反映了他们要求建立满族自治地方的强烈愿望，李维汉也收到了这样的信，并希望他协助向中央反映。李维汉对这个问题非常重视，认为这是民族自治方面的一大悬案，他要打开满族自治的道路。事隔多年，江平同志追述了这一实现满族自治的详细过程。最初是在1982年5月17日《人民日报》上的一篇文章引起了李维汉同志的注意。5月18日李维汉写信给杨静仁和江平，内容是："17日《人民日报》上有署名满族人写的《抚今追昔话满族》，谅已看过。回忆1949年新政协名单上没有满族代表，北京市内有满人哭诉，很快经中央决定，承认满族是个民族。后来我设想在东北地区给他们设立一个自治州或自治县。我在统战部工作，因某些原因未能做到，请你们考虑这个悬案。"1982年12月22日，李维汉同志又写信给杨静仁并转报中央书记处，其内容是："看了民委关于'满族同志要求尽早建立满族自治地方'的反映，深感这是我们欠了满族人民的一笔账，这笔账是我当统战部长时欠下来的。回忆1949年第一届政协代表中没有满族代表，

李维汉

清原满族自治县成立20周年大会

名单发表后，北京市有些满族人哭了。以后我们在这方面有所补偿，同时经过调查，了解满族在东北有聚居区，我们提出了为他们建立自治地方的建议，被高岗所阻挠，未能立案。以后又因其他政治折腾，拖延至今。现在到了必须还账的时候了。我建议中央统战部提出具体方案，报请中央书记处批准实行。昨天在北京医院遇见关山复同志，李维汉同志也恳切地提出这个问题，我建议静仁同志约他谈谈。”李维汉同志不顾身体疾病，毅然主持起草了《关于建立满族自治地方的问题》的信，由中央统战部上报中央。在信中，李维汉认为1982年第三次全国人口普查统计，满族有人口430万人，在全国少数民族中占第六位。满族文化水平在少数民族中名列前茅，新中国成立以来我们党也一直

永陵特艺工艺品产业工人

满族自治县在全国的分布

序号	满族自治县	所属省份	成立时间
1	新宾满族自治县	辽宁省	1985年6月7日
2	岫岩满族自治县	辽宁省	1985年6月11日
3	凤城满族自治县	辽宁省	1985年6月13日
4	青龙满族自治县	河北省	1987年5月10日
5	丰宁满族自治县	河北省	1987年5月15日
6	伊通满族自治县	吉林省	1989年8月30日
7	清原满族自治县	辽宁省	1990年6月6日
8	本溪满族自治县	辽宁省	1990年6月8日
9	桓仁满族自治县	辽宁省	1990年6月10日
10	宽甸满族自治县	辽宁省	1990年6月12日
11	北镇满族自治县	辽宁省	1990年6月15日
12	围场满族蒙古族自治县	河北省	1990年6月16日
13	宽城满族自治县	河北省	1990年6月16日

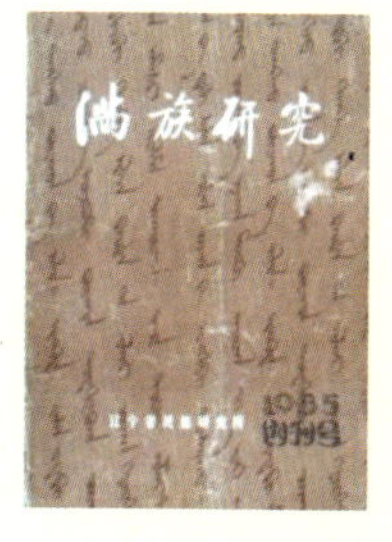

《满族研究》创刊号

▲

本溪满族自治县县庆场景

承认满族是一个民族，满族享有实行区域自治的权利，并有实行区域自治的条件。现在，百万人口以上的少数民族除满族外都有了自治区或自治州，唯有满族至今没有自治地方，是不恰当的。由于病情恶化，李维汉没能看到这一问题圆满解决就离开了我们。但可以告慰的是，党中央对解决满族自治问题非常重视。此后不久，有关省根据中央批示精神开始研究建立满族自治地方的具体方案和着手筹备有关成立事宜。1985年6月，经国务院批准，首先在辽宁省成立了新宾、岫岩和凤城3个满族自治县。自1985年至1990年五年间，在辽宁、河北、吉林等省先后建立了13个满族自治县。满族的区域自治逐步得到解决。

从20世纪80年代后期起，沈阳、北京、承德、广州、福州、成都等几十个大中城市，还相继成立了由满族群众自发建立的联谊组织，为发展民族文化、振兴民族经济献策献力。满族人口也不断增长，1982年第三次全国人口普查，中国满族人口有4 299 159

人；1990年第四次全国人口普查，中国满族人口有9 846 776人。到了2000年第五次全国人口普查时，满族人口已达10 682 263人，这些人中很多是在党的民族政策落实后，重新将民族成分改回满族“认祖归宗”的。

尽管满族分散在全国各地，而在各级人民代表大会与政治协商会议中，都有不少满族代表。各级各类满族干部迅速成长，仅辽宁省就培养了近两万名满族干部。到1982年，居于城市的满族人口，已占本民族总人口的20%。满族知识分子本来在本民族中所占比例较高，现在各级各类学校培养的满族学生数量也较多。在各条战线上，满族中的模范人物、先进单位不断涌现，科技、文史、理论等方面的专业人才和文学、艺术等方面的新秀茁壮成长。广大满族人民的生活水平不断提高，他们积极地与各兄弟民族一道为社会主义祖国的现代化贡献着更大的力量。

▲

岫岩玉雕

福
福
福

第四章 满族风俗

满族是一个极具特色的民族，尤其是在风俗方面。这既是满族发展过程中不断衍生、传承下来的，又是在和其他民族尤其是汉族不断交流、融合的过程中形成的。从饮食、服饰、婚俗、丧葬、节日、礼节、禁忌等方面，我们都能深深领略满族独特的民族风情，这是中华文化的重要组成部分。

特色饮食

饮食在人们的生活中占有非常重要的地位。满族先世由于社会经济发展缓慢，其饮食习惯简单纯朴，除了“多畜猪，食其肉”之外，野菜、鱼、兽也成为他们常用的食物，体现了地处寒冷北方的地域特征，具有鲜明的民族特色。

稗子

女真人是渔猎、畜牧、农耕兼作，但畜牧、渔猎占主要地位。《三朝北盟会编》记载：女真之地“自过咸州至混同江以北，不种谷麦，所种之稗子，舂米，旋炊粳饭”。因当时女真人居地处东北北部，人烟稀少，气候寒冷，无霜期短，不适合种谷子，小麦还没有大面积推广，只适合种植稗子，把稗子舂成米，煮成粥或做成饭食用。女真人还有把稗子磨成面粉炒熟，用水调和以后使用的习惯。金世祖劾里钵在征讨桓赤皮散达时，“令士卒解甲少憩，以水沃面，调麨水饮之”。这里所记载的“麨”就是现在人们吃的“炒面”。麨容易保存，便于携带，是女真人狩猎和行军作战时必备的食粮，女真人吃麨的习俗一直被其后人所承袭。

满族在统一中国之前，虽然继承了女真人的传统饮食习俗，但在统一中国进入辽沈地区后，和其他民族的交往加深，吸收了其他民族的饮食习俗，融会了汉、朝鲜、蒙古等民族的烹饪特长，如满族喜食打糕，即汲取于朝鲜族；如喜饮乳茶，又称奶茶，即源于蒙古族。乳茶后来成为清宫御膳中的主要饮料，并由蒙古茶役专伺熬煮，使传统的满族饮食习俗更加丰富多彩。统一全国之后，满族饮食习俗更多地与汉族相互影响。满族传统饮食中的“火锅涮肉”“黏面饽饽”等成为汉族广大群众所喜欢的食物。

干白菜

日常饮食

满族烹调以烧、烤见长，擅用生酱（大酱）。蔬菜随季节不同而变化，杂以野菜（蔷蒿、蒙菜等）及菌类。满族先人好渔猎，祭祀时除用家禽、家畜肉外，还有鹿、獐、狍、雁、鱼等。尤喜食猪肉。猪肉多用白水煮，谓之“白煮肉”。设大宴时多用烤全羊。满族忌吃狗肉。不戴狗皮帽子，凡是用狗皮做的东西都是禁止使用的，据说狗救过满族始祖的命，所以满族人对狗有特殊的感情。满族的饮食，过去喜吃小米、黄米干饭与黄米饽饽（豆

野生菌

满族传统饮食蒸饽饽

苏子叶饽饽

包），逢年过节吃饺子，农历除夕必须吃手扒肉。满族具有独特风味的“萨其马”，至今仍是广大人民爱吃的点心。“萨其马”是满语，汉语叫“金丝糕”，香酥可口，油而不腻，是满族人民喜爱的传统糕点。

满族人过去以玉米、稗子米、高粱米、小米、荞麦为主食，现在以小麦米、大米为主食。满族人一日三餐，习惯早晚吃干饭或稀饭，晌午吃用黄米面或秫米面等做成的饼、糕、馒头、饽饽、水团子之类。做干饭多用小米、秫米、楂子。副食有各种蔬菜。

主食品种丰富，有煮饽饽（饺子）、米饭、秫米水饭、秫米豆干饭、豆擦糕、酸汤子等。好吃黏食和甜味食品。下面简介几种有代表性的主食。

小肉饭 又称扬子饭，是传统食品。用炒猪肉丁与秫米一起焖制。

龙虎斗 用大米、小米、小豆合焖的饭。因“斗”与“豆”谐音，大米、小米喻之龙虎，故又称“龙虎斗”。

秫米水饭 将秫米放水中煮熟，捞到冷水中浸凉即成，多在夏季食用。

满族人喜欢吃黏食，饽饽是满族人祭祀中必备祭品。因为它便于携带并且轻便。八旗兵打仗，用它做军粮。它至今仍是满族人待客的最好主食。

满族人习惯养猪，每年春节杀的年猪，把一部分肥肉腌在坛子里，以备一年的吃用。其余的用来改善生活，款待来客。最习惯吃的是白肉、血肠、猪肉酸菜粉条。吃饭时，把做好的菜连锅端上，将饭桌中间可自动开合的圆板拿下，锅坐在桌上，桌下放一火盆，对准锅底加热。有的人家备有宽沿大火盆，将菜锅坐在支起来的铁架上。火苗徐徐升起，菜锅嘟嘟作响，众人盘膝围坐，从锅中直接夹菜，面前放一酱碟（放在火盆沿上）用来调味。

清宫火锅

清宫中的食风基调为满族固有的习俗，但入关后的满族统治者，不能不潜移默化地受历史悠久、文化发达的汉族食俗的影响，如食腊八粥、元宵、端午粽子、中秋月饼等，都不同程度地反映了融合后的民族习俗。将祭祀定为国俗的清政权，其省牲、酒礼、供献等皆遵循旧制，因此满族传统食品及制作加工方法是这些活动离不开的，宫中的御膳更明显地体现出满族传统的烹饪特色。

萨其马 满族过年，习惯用精粉、鸡蛋、糖、芝麻、青红丝和瓜仁等原料制作“萨其马”，其色美、味香、可口，是人们喜爱的具有独特民族风味的节日佳品。

关于萨其马是如何产生的还有一个有趣的传说。据说清朝在广州任职的一位满族将军，姓萨，喜爱骑马打猎，而且每次打猎后都一定要吃点心，还不能重复！有一次萨将军出门打猎前，特别吩咐厨师要“来点新鲜的玩意儿”，若是不能令他满意，就准备回乡下！负责点心的厨师一听，自然万分紧张，一个失神就将沾上蛋液的点心炸碎了！厨师在情急之下，将碎碎的面皮拌入糖，糅合在一起，一边做一边心想“完了”。偏偏这时将军又催着要点心，厨师一火大骂了一句：“杀那个骑马的！”才慌慌忙忙地端出点心来。想不到，萨将军吃了之后相当满意，问起这道点心的名字，厨师惊魂未定，随即回了句“萨其马！”结果将军听成了“萨骑马”，想说自己姓萨又爱骑马，倒也挺妙的，连声称赞，萨其马因而得名。其实“萨其马”（满文sacima）在满语里就是甜品或者糖缠的意思。还有一种说法是因制作萨其马的最后两道工序是：把其切成方块，随后码起来。“切”，满语为“萨其非”；“码”，满语为“玛拉木壁”。“萨其马”便是这两个词的缩写。

▲ 萨其马

萨其马又叫“搓条饽饽”。制作方法是先把蒸熟的米饭放在打糕石上，然后用锤反复打成面团，蘸黄豆面搓拉成条状，油炸后切块，撒上一层较厚的熟黄豆面即成。搓条饽饽是当时满族的供品之一，所以也称为“打糕穆丹条子”。后来用白糖代替了熟豆面，成了“糖缠”，更名为萨其马，汉名叫“金丝糕”，又叫“芙蓉糕”。

清宫宴席

满汉全席　我国历史上著名的宴席之一，也是清王朝最高级的国宴。它是由满点、汉菜所组成。满点又称“满洲饽饽席”，以点心为主，菜肴品种并不丰富，烹调方法也较简单。后来在满席基础上加入一些汉族菜肴，使其在原料、品种、制法、口味、形象上都十分丰富多彩，称为“满汉全席”。

满汉全席在清政权入关以后逐渐形成，创于康熙年间。相传清圣祖玄烨在皇宫内首尝，并御书“满汉全席”，使满汉全席名噪一时。当时满汉全席有宫内和宫外之别，宫内的满汉全席专供

《康熙帝万寿庆典图卷·北海团城》

皇帝、皇叔、皇兄、皇太后、妃子、贵人等享用；近亲皇族子嗣、功臣（汉族只限二品以上官员和皇帝心腹）才有资格参加宫内的满汉全席。宫外满汉全席，常常是由满族一二品官员主持科考和地方会议，以满汉全席招待钦差大臣，入席时要按品次，佩戴朝珠、公服入席。满汉全席规定菜肴总数

宫中食盒

▲

《乾隆帝八旬万寿图卷·观戏场景》之二

为108件，其中，南菜54件，北菜54件，点菜不在其中，随点随加。满洲饽饽大小花色品种44道，一席使用面粉22.5公斤，从主副食品种上可见满汉全席的规模了。

蒙古亲藩宴 此宴是清朝皇帝为招待与皇室联姻的蒙古亲族所设的御宴。一般设宴于正大光明殿，由满族一、二品大臣作陪。历代皇帝均重视此宴，每年循例举行。而受宴的蒙古亲族更视此宴为大福，对皇帝在宴中所例赏的食物十分珍惜，“年班蒙古亲王等入京值，颁赏食物，必之去，曰带福还家。若无器皿，则以外褂兜之，平金绣蟒，往往汤汁所沾，淋漓尽致，无所惜也”。

知识链接 **来源新说** 近来有人认为，近年来流传“满汉全席”之说，说它是清宫御膳，甚至还有人列出满汉全席的菜单，宣扬之不遗余力，据说已传到海外，其实这纯属杜撰。“满汉全席”这一名称来源于一段相声。20世纪20年代在北京和天津献艺的著名相声演员万人迷编了一段“贯口”词，罗列大量菜名，名为“报菜名”，颇受听众欢迎。30年代在北京与张傻子、高德名、绪德贵、汤瞎子一同登台表演的著名相声演员戴少埔擅长这个段子（戴少埔于40年代初逝于天津），当时仍称这段贯口为“报菜名”。后来传来传去竟被讹称为“满汉全席”。清宫膳房根本没有“满汉全席”之说。当年在北海公园创设“仿膳”饭馆的人，的确是曾在清宫膳房工作过的；那时仿膳的菜肴的确是清末宫廷膳房制品的样子；但从未提过“满汉全席”，而是老老实实地做炒肉末（夹烧饼）；豌豆黄儿和芸豆卷等也是膳房制品样子，这才是真的，仿膳菜肴和点心的做法，严格说，是同治光绪时代清宫御膳的遗范，在很大程度上适应慈禧太后的喜好和口味；不但与道光时代的调制法有一定区别，与咸丰时代的做法也不尽同。例如乾隆皇帝有专门烹调鸭子的厨师，咸丰皇帝喜食鸭，这本是清官菜肴的一项传统，但因慈禧太后不大喜欢吃鸭，所以同治光绪时代膳房就不大讲究烹调鸭子了；30年代仿膳的老师傅说，早年膳房做“全鸭”有47种烹调法，后来半数都失传了。总之，“满汉全席”之称是来自“万人迷”的“报菜名”，本是相声，这是老北京皆知道的，现在80岁以上的人听过“万人迷”；70岁以上的听过戴少埔，皆可证此。

清雍正粉彩过枝花福寿大盘

廷臣宴 廷臣宴于每年上元后一日即正月十六日举行，是时由皇帝钦点大学士、九卿中有功勋者参加，固与宴者荣殊。宴所设于奉三无私殿，宴时循宗室宴之礼。皆用高椅，赋诗饮酒，每岁循例举行。蒙古王公等皆参加。皇帝借此施恩来笼络属臣，而同时又是廷臣们功禄的一种象征形式。

清雍正斗彩团花盖罐

万寿宴 万寿宴是清朝帝王的寿诞宴，也是内廷的大宴之一。后妃王公，文武百官，无不以进献寿礼为荣。其间名食美馔不可胜数。如遇大寿，则庆典更为隆重盛大，系派专人专司。衣物首饰，装潢陈设，乐舞宴饮一应俱全。光绪二十年十月初十日慈禧六十大寿，于光绪十八年就颁布上谕，寿日前月余，筵宴即已开始。仅事前江西烧造的绘有万寿无疆字样和吉祥喜庆图案的各种釉彩碗、碟、盘等瓷器，就达二万九千一百七十余件。整个庆典耗费白银近一千万两，在中国历史上是空前的。

千叟宴 千叟宴为清代宫廷盛大的宴礼之一。场面最大，规

知识链接 **满族八大碗** 作为满汉全席之一——“下八珍”，满族八大碗，是满族同胞的特有菜种。它由雪菜炒小豆腐、卤虾豆腐蛋、扒猪手、灼田鸡、小鸡珍蘑粉、年猪烩菜、御府椿鱼、阿玛尊肉等八种菜组成。满族八大碗深受民间欢迎，据《满族旗人祭礼考》记载：宴会则用五鼎、八盏，俗称八大碗，年、节、庆典、迎、送、嫁、娶，富家多以八大碗宴请，八大碗在当时集中了扒、焖、酱、烧、炖、炒、蒸、熘等所有的烹饪手法。八大碗往往用于宴客之际，每桌八个人，桌上八道菜，上菜时都用清一色的大海碗，看起来爽快，吃起来过瘾，具有浓厚的乡土特色。其中“阿玛尊肉”俗称努尔哈赤金肉最为代表性，《满族简史》记载：努尔哈赤“建‘堂子’、立杆祭天，凡用兵及大事必祭。”传说此菜是清太祖努尔哈赤时代流传下来的。

模最盛，耗资也最巨。清十代帝王260多年中，只在康乾盛世举办过4次。千叟宴即为千名老叟参加的宴礼。但实际参加的并非一千人。如康熙五十三年三月庆六旬“万寿”曾两次宴请65岁以上的老者2 800余人与宴。乾隆六十一年（即嘉庆元年）乾隆举行千叟宴，入宴的群臣耆老和并未入座的达5 000多人。所有拟定参加千叟宴的人员，皆由皇帝钦定，而后由有关衙门分别行文通知。宴前需要大量的物质准备。开宴之前，依照入席耆老品位的高低，预先摆设千叟宴席。除宝座（皇帝的座位）前的御宴外，一般按东西两路设席，依封建等级制度分一等桌张和次等桌张两级设摆，餐具和膳品也有明显的区别。宴中奏宫廷乐曲，并举行各式封建礼仪。

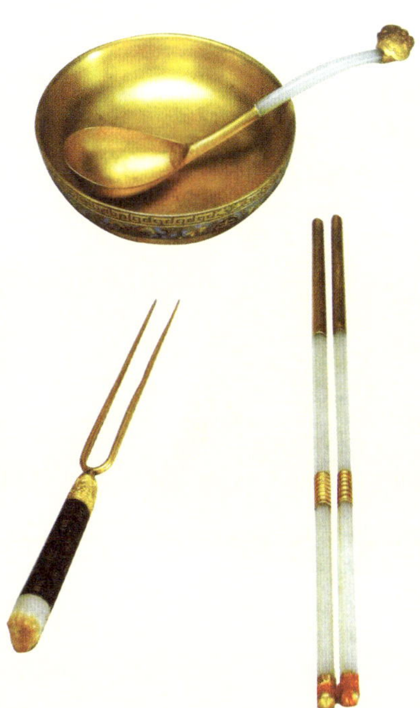

清宫美食器

九白宴 九白宴始于康熙年间。康熙初定蒙古外札萨克等四部落时，这些部落为表示投诚忠心，每年以九白为贡，即：白骆驼1匹、白马8匹，以此为信。蒙古部落献贡后，皇帝设御宴招待使臣，谓之九白宴。每年循例而行。后来道光皇帝曾为此作诗云："四偶银花一玉驼，西羌岁献帝京罗。"

节令宴 节令宴系指清宫内廷按固定的年节时令而设的筵宴。如：元日宴、元会宴、春耕宴、端午宴、乞巧宴、中秋宴、重阳宴、冬至宴、除夕宴等，皆按节次定规，循例而行。满族虽有其固有的食俗，但入主中原后，在满汉文化的交融中和统治的需要下，大量接受了汉族的食俗。又由于宫廷的特殊地位，遂使食俗定规详尽。其食风又与民俗和地区有着很大的联系，故腊八粥、元宵、粽子、冰碗、雄黄酒、重阳糕、乞巧饼、月饼等在清宫中一应俱全。

神韵服饰

满族服饰是承袭自其先世女真人而来，正如《满洲源流考》中所记载的那样，满族和女真虽然文字有所不同，但习俗却是一脉相承。满族服饰具有鲜明的民族特色，反映了我国北方骑射民族的生活特点和审美情趣，旗袍即源自满族，至今已成为中国服饰文化的象征。满族的服饰也随着满、汉民族的不断融合，在不失民族传统的前提下，吸收了不少汉族服饰元素，不断呈现出新的面貌。

满族服饰充满着浓郁的民族特点和民族性格的神韵，这是满族在其民族形成过程中一种长期的生活积淀的结果。首先，满族服饰继承了女真人的旧俗，其中包括发式、服饰等。像满族人爱穿皮制服饰，这点就源于女真习俗。其次，满族服饰的地方性特点也很明显。由于生活处于寒冷地带，满族人不分男女老少都有戴帽子的习惯，冬天带皮帽，春、秋戴暖帽，夏戴草编凉帽，并在帽子顶点缀着“红缨”，醒目又艳丽。另外，满族是马背民族，一切装束都要体现利落，以利于马上奔驰。例如他们的袍子下幅有前后左右四处开衩，明显是为骑马方便。17世纪初叶，满族人在半耕半牧和频繁征战中，逐步形成了一种宽腰身直筒式的旗袍服装，当时，旗人无论男女老幼都穿，男袍叫长袍，女袍叫大衫，一般人穿的不过脚，只有姑娘出嫁时，才穿过脚的礼服。

从中国服装发展史来看，清朝服饰形制是最为庞杂、繁缛，条文规章也多于以前任何一代。在清政府规定的服制中，既保留了汉族服制中的某些特点，又不失本民族的习俗礼仪，在中国民族服饰发展的历史长河中，最具有民族特点和民族色彩。清代服

石青地云蟒妆花缎袷褂

補卦

制的变化，是以新代旧的一种进步，是时代前进的产物，而且为中国服饰的现代化奠定了基础。如现代生活中流行的“中山装”是从马褂改进而来，在世界服装界享有盛名的中国旗袍，源于满族女性袍服。而坎肩则仍是当今中国社会流行的服装。

宫廷服饰

清入关前皇室王公贵族衣冠本有定制，努尔哈赤“头戴着有三颗东珠的金佛暖帽”，身着“秋香色的花缎子衣服”，冬天穿“前胸吊貂皮，后背吊猞猁皮的皮端罩”。他规定诸贝勒等一律穿一种有披肩领的朝衣以区别于一般平民。“披肩领”形如披肩，俗称“大领”，是附加在朝服领口上的一种衣领，这种穿戴用在隆重典礼的场合上。

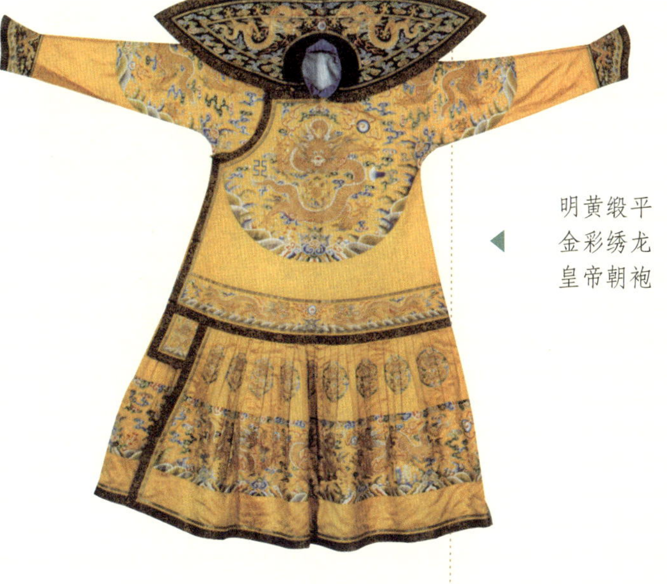

明黄缎平金彩绣龙皇帝朝袍

进入辽沈地区后，努尔哈赤仿效明朝官员的补服之制，制定了后金官员的补服。“贝子穿四大蟒子之补服，督堂、总兵官、副将穿麒麟补服，参将、游击穿狮补服，备御、千总穿带彪之补服”。这种补服是前后带有补子的朝服。“补子”也叫“背胸”，有圆形或方形。在“补子”上或织或绣以固定鸟兽纹样，作为文、武官员职别和品级的徽识。努尔哈赤还定各级官员的冠顶之制，“命有爵大臣，皆冠所赐之金顶大凉帽，衣华服；诸贝勒之侍卫，皆冠菊花顶凉帽，衣华服；无职之护卫、随侍及良民，于夏则冠菊花顶之新式帽，衣粗蓝葛布裙，春秋则以

清代男子官帽

顶珠

《孝贞后璇闱日永图》轴

粗蓝布裙；其行围之兵，冠小雨缨笠帽”。

皇太极即汗位后，于天聪六年又更定和补充了衣冠制，使其差别更大，等级更鲜明，要求“朝野遵守”。不仅对官员服装颜色和冠顶的质地做了严格的规定，而且对贝勒以上诸臣及眷属衣服穿着的时间和场合规定也作出规定：八固山诸贝勒在城中行走，冬夏俱衣朝服，外出方许穿便服。冬月入朝，许戴元狐大帽，居家戴尖缨凉帽。福晋冬夏外出，俱服女朝服。冬季许戴尖缨貂帽，夏日戴尖缨凉帽。规定平民不许服缎，只许衣布，妇女“所服缎布，各随其夫”。

民间服饰

旗袍 又称中式旗袍，是我国一种富有民族风情的妇女服装，由满族妇女的长袍演变而来。由于满族称为“旗人”，故将其称之为“旗袍”。其主要结构特征是立领、右大襟、紧腰身、下摆开衩等。旗袍始于清朝的旗人着装，自满族贵族入主中原后，汉人皆相效仿，经过辛亥革命及现代的改良，保留了传统旗袍的服饰工艺，使其更加符合对人体的表现。

顺治元年（1644），清世祖率兵入关，定都北京，继而统一全国。随着政权的初步稳固，开始强制实行服制改革，掀起了一场声势浩大的剃发易服浪潮，律令之严性命攸关，有“留头不留发，留发不留头”之说。至此传统的冠戴衣裳几乎全被禁止穿戴，相传千年的上衣下裳的服饰形制只被保留在汉族女子家居时的着装中。庆典场合不分男女都要着袍，各类袍服名目繁多，有朝袍、龙袍、蟒袍及常服袍等之分。从字义解，旗袍泛指旗人

（无论男女）所穿的长袍，不过只有八旗妇女日常所穿的长袍才与后世的旗袍有着血缘关系，用作礼服的朝袍、蟒袍等习惯上已不归为“旗袍”的范畴。清朝统治者强调满语骑射，力图保持其固有的生活习俗和穿着方式，一方面要用满族的服饰来同化汉人，同时又严禁满族及蒙古族妇女仿效汉族装束，从顺治到嘉庆

知识链接 **旗袍的传说** 满族妇女的传统服装本来是又宽又大，为什么会出现颀长秀雅、线条流畅的旗袍呢？据说曾有过这么一个故事：传说很久很久以前，在风光旖旎的镜泊湖边，住着一个名叫黑妮的美丽姑娘，她心灵手巧，聪慧善良，很有创造精神。那时满族女人穿的都是裙子宽宽大大，走动拖拖拉拉的样式。黑妮是渔民的女儿，整日打鱼晒网，穿起来很不方便。于是，她自己动手裁制了一件连衣带裙的多扣长衫。这种长衫两侧开衩，下湖捕鱼时，可以将下摆撩起来，系于腰间。平时放下衣襟，又可作为裙子。此服一出，镜泊湖边的妇女纷纷效仿。有一年，当朝皇帝夜梦先祖，得到昭示：在遥远的北国故都，有一位穿十二绢锦袍的美貌姑娘，她就是皇上的娘娘。于是，皇上马上派人去北国寻找。这钦差大臣带了一干人马，明察暗访了很长时间，终于在河边遇上了正在汲水的黑妮姑娘。钦差大臣见黑妮不仅美丽绝伦，而且穿着那件秀丽典雅的锦绣长袍，他们把她当作皇上的娘娘抬进了京城。皇上一见，黑妮穿着长长的衣袍，显得又苗条又俊美，远胜过宫中那些后妃宫女，当即封她为黑娘娘。身穿长袍的黑娘娘很受皇上宠爱，其他女子也都纷纷仿效她的样子穿起了这种长袍。虽然，后来，黑娘娘被嫉妒她的其他皇妃害死，但她创制的长袍却被满族妇女普遍接受，并渐渐取代了以往的传统服装，这种长袍，就是我们所了解的最初的旗袍。

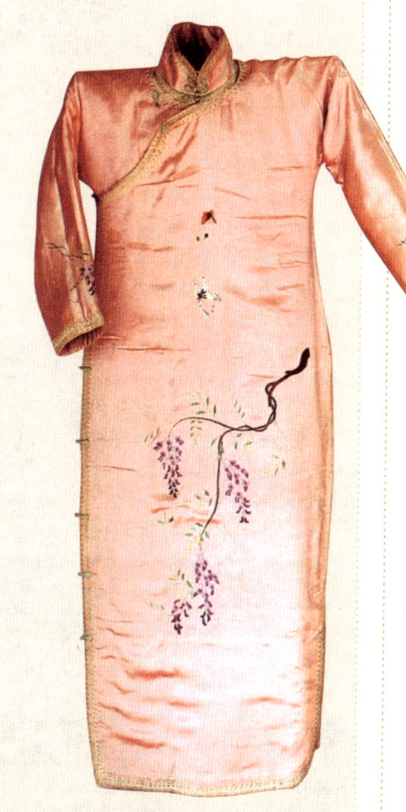

旗袍

这当然是一个哀婉清丽的动人传说，但它至少表明了旗袍是满族人在劳动之余所创造的，既照顾到美观，又兼具实用价值，因此才为满族广大人民所接受并成为一个民族的符号。

年间屡次颁布的禁令中可知，满族女子违禁仿效汉族妇女装束的风气之盛，可见一斑。至清后期，亦有汉族女子效仿满族装束的。满汉妇女服饰风格的相互交融，使双方服饰的差别日益减小，遂成为旗袍流行全国的前奏。

绛色绣金银水仙领袖边袷马褂

《同治帝便装像》轴

马褂 满族男子骑马时常穿的一种褂子。为了骑马方便，在长袍的外边套一种身长至脐、四面开气儿的短褂、以御风寒。现在许多满族人所穿的对襟小棉袄，就是从马褂演变过来的。

马褂分为大襟、对襟、琵琶襟等多种形式。马褂是满族骑射时穿着的一种褂子，后成为日常罩于袍子外面的服装。高领对襟，四面开禊，长及腰部，袖子稍短，袍袖可露出三四寸，将袍袖卷于褂袖上面，即所谓大、小袖。清朝盛京满族诗人缪润绂描述说："卷袖长衫称体裁，巧将时样斗妆台，谁知低护莲船处，争及罗裙一击来。"可见当时满族卷袖服饰极为时兴。

马褂

清初，穿马褂仅限于八旗士兵，至康雍年间满族男子穿用马褂的习俗已盛行，青年喜着马褂以示武勇。由于清帝提倡骑射，经常以马褂赏赐臣下，竟成为一种"礼服"。皇帝赏给"黄马褂"也成为极高的荣誉。

坎肩 清朝时兴穿坎肩，应当说是在进关之后，由于民族融合，受汉族衣着的影响的结果。坎肩并不是满族原有的服装，是由汉族的"半臂"演变来的。据记载"半臂"的样式始于隋朝，当时很简单，就是无领、无袖、对襟。坎肩还有背心、蔽甲方、披袄、搭护等名。坎肩分为对襟、捻襟、一字襟、琵琶襟等多种。妇女穿的坎肩还要绣花镶边。坎肩有棉有夹，或丝或布，多套在袍子外面。有一种“巴图鲁”（满语，勇士）坎肩在八旗子弟中很流行。后来有的加上两袖，被称为“鹰膀”，更显英武。

坎肩

发式 清代满族成年男子把前颅头发全部剃去，只留颅顶后头发，编结成辫，垂于脑后，主要是便于山林中骑射。满族人认为发辫是灵魂栖息之所，视为生命之本，在战场上阵亡的八旗将士，必将发辫带回故里，隆重埋葬，称“捎小辫”。

满族妇女在成年前，只梳一根单辫垂于脑后，辫梢上缠一红头绳，前额剪成“刘海”，并常以金银、珠宝制成别致珠坠角，系于辫梢上，随辫摆动，以示美观。满族已婚妇女必须绾发盘髻，中间横插一根银制的扁方，称“高粱头”。其中最典型的是梳“两把头”，将头发束在头顶，编成“燕尾式”，长头发在后脖颈上，并戴上扇形发冠，这种发型称“旗头”“京头”。满族妇女的发式，康熙以后受汉族发髻“如意头”的影响，一般将发髻梳成“一”字形，俗称“一字头”。裘毓麟《清代佚闻》记述：“孝钦皇后时，制成新式，较往时之髻尤高，满族妇女皆效之。”以后越增越高，并变成了“高如牌楼”

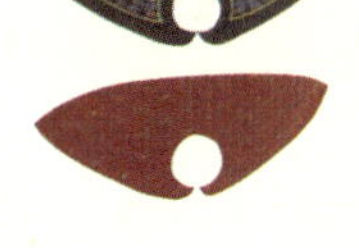

披领

知识链接 **大拉翅** 清代满族贵族妇女发式。盛行于光绪、宣统年间。其式，顶发梳成圆髻，脑后发呈燕尾式。另以黑缎、绒或纱制成“不”字形皂板，曰“头板”，其底部以铁丝制成扣碗状，谓之“头座”，扣于头顶发髻上，并用发缠绕，使之固定。这种“高如牌楼”之固定装饰，用时套在头上。通常于头板正中戴彩色大绢花，称“头正”或“端正花”，并加饰珠、翠、玉簪、步摇和鲜花，或于右侧缀一彩色长丝穗。这种发式因头板如两翅张开而得名。

瑾妃中年旧照

的固定装饰，用时只需套在头上，再加插一些饰物即可。

满族女性的发式变化很大，姑娘时代，只简单地把头发在脑后挽一下。快出嫁时，就要把头发梳成辫子并挽成单发髻，结婚后的发式有双髻式、单髻式等多种，双髻式发型把头发从头顶分梳为前后两部分。前髻梳成平顶状，以便戴冠，颈后髻梳成燕尾状，在颈后伸展开来，它使得颈子总要保持挺直的状态，因此，满族妇女走起路来就更显得高贵、尊严。

满族妇女喜鲜花，并喜在头发上插金银、翠玉等制成的压发簪、珠花簪。自古以来满族妇女就重视发式头饰，并且从不缠足，故有“金头天足”之美誉。

《慈禧太后油画像》屏

鞋 早期满族男人多穿双脊脸“大傻鞋”。妇女皆穿“平底鞋”“千层底鞋”。还有一种旗鞋，又称“寸子”。“大傻鞋”是满族男人的便鞋。鞋面多用青布、青缎布料。鞋前脸镶双道或单道黑皮条。鞋尖前凸上翘，侧视如船形。

寸子鞋

“千层底鞋”用多层袼褙做鞋底，故得此名。鞋面多为布料，一般不绣花卉等图案，多在劳动中穿用。

“平底鞋”是满族妇女的坤鞋。鞋面的材料一般是用布或缎，色泽不一。鞋面上皆绣花卉图案，鞋前脸多绣“云头”，也属家常便鞋。

“寸子”是满族妇女的绣花“旗鞋”。鞋底为二三寸，长度约占全鞋的二分之一。两头宽，中间细，俗称“马蹄底”。上宽下窄呈梯形，又称“花盆底”。旗鞋，多在庆典祭祀时穿用，俗称踩“寸子”。妇女盛饰时多穿用，走起路来，袅袅婷婷，轻盈娴雅。现在仅见于舞台。

满族“女履旗鞋男穿靴”，靴子有夹有棉，可用缎、绒、布、革制作。按规定，官员穿方头靴，平民穿尖头靴；另有薄底快靴，俗称“爬山虎”，多为兵丁武士所穿。男子出远门者多穿革靴，其形状类似靰鞡，但其靴腰高，冬季内衬有毡袜，轻便保温，俗称为“蹚突马”。

靰鞡，多为农村下层满族人民冬季穿用的一种皮革制作的鞋。用牛皮或猪皮缝制，内絮靰鞡草，既轻便，又暖和，适于冬季狩猎、跑冰。它是很有特点的满族服饰之一，一直在东北农村穿用。

靰鞡

帽子　春秋季节，满族农民多戴“毡帽头”。帽呈罐状，左右两侧有帽耳朵，平时反折向上。有身份者，皆戴青绸缎“六合帽”，帽面以六块绸缎拼合而成，俗称六块瓦帽。帽下沿镶有寸宽绣边，前端钉一个玉或翠的饰物，帽顶钉一个大红绊疙瘩。入夏时，农家男子在劳动中戴用秫秸皮子编的草帽，既遮阳又可挡

凉帽

雨。冬季男人戴大耳扇皮帽子，耳扇多用羊、兔、狐狸等毛皮，忌用狗皮。

满族幼儿多戴猫头、虎头帽子，俗称吉祥帽。帽面多用不同颜色绸缎或布料，帽子上面刺绣猫、虎等动物脸谱，左右两侧上端钉有两个“动物耳朵”。帽分为夹、棉两种。

清朝男子的戴冠习俗，还是源于满族，因为满族没有“二十始冠”之说，所以清朝男子不分长幼，一年四季都要戴帽子。大致可分为礼貌、毡帽、暖帽、凉帽或便帽等。

皇后朝冠

妇女秋冬时所戴的帽子叫“坤秋”，式样与男子暖帽相同。

秋帽——满族妇女秋冬季戴（又称“困秋帽”），式样与男帽略同，有檐，帽顶有盖花，并缀有飘带。无论贫富老少，几乎每人一顶。冬季戴耳包。

便帽——亦称小帽，六瓣缝合而成，俗称瓜皮帽，乃满族通常戴用的半圆形小帽，多为黑色。富人帽的正前面缀有璧玺或翡翠，亦有缀珍珠者，称为帽正。

暖帽——有檐，即冬季常戴用的毛皮毡帽。在毡帽耳上缝有各种毛皮，高档者有狐狸毛皮。耳朵帽色为黑色或褐色，左右有帽耳以御风寒。

凉帽——也叫草帽，无檐，形如覆釜，用“得勒苏”草或竹丝、藤丝编成。

便帽

其他　满族男女早年流行穿“套裤”。套裤用皮革制作，后来改用布。这种服饰，仅有两条单腿裤筒，不连接在一起，用时分别套在腿上。干农活时穿套裤不磨裤腿，对老年男女来说又可防风寒。

早期，满族男女老幼皆戴布“兜兜”，紧系腰腹，贴在胸前。制作兜兜十分讲究，兜嘴按本旗属的颜色，镶一寸宽彩色布，绣上吉祥字和图案。小孩绣“长命百岁”，成年男人绣“吉祥如意”，青年妇女绣花卉，老年妇女绣“盘长”。如遇本历年一律穿戴红兜兜。

古朴婚俗

提起满族的婚俗，得从第一章讲过的满族神话故事说起：仙女佛库伦，有一天在天池沐浴，见到一只嘴噙朱果的五彩灵鸟飞来，那朱果恰巧落入她的手中，她想朱果一定好吃，就禁不住把它含在嘴里，不小心就给吞下去了，因此怀有身孕，生下始祖布库里雍顺。这是母系氏族社会的真实写照，也说明满族的婚俗是从群婚制、对偶婚制、最后发展到一夫一妻制的。

▲ 婚俗

满族入主中原以后，婚俗受到汉族的影响，取缔了收继婚，婚姻仪式也渗入了汉族婚俗的许多成分，但直到清末民初，满族的婚嫁依然保持着很多固有的传统风俗。

当然，随着满族居住群体的扩大和与其他民族文化不断交流融合，居住在不同地区的满族，婚俗也发生了较大的变化。一般来讲，居住在东北北部的满族更多地保留满族先人的风俗；而在南部地区和内地的满族人，一方面沿袭本民族古俗，另一方面受汉族婚俗的影响，出现了满汉风俗糅杂的现象。

满族的婚俗十分生动，有许多奇特之处，这同满族的历史和文化有着紧密的联系。

◀ 满族婚礼

问门户

当男女双方到了一定的年龄时，第一个举动称之为“问门户”或“看门户”。首先由媒人代表男方家向女方家求婚。女方的讷讷（母亲）要向媒人了解男方的姓名、年龄、家庭状况。特别要细问其祖籍、三代经历——满族人最注重门第，尤其是军功。

女方家对媒人的介绍如果满意，就说一句活话：“这件婚事先进行到这儿吧……”这等于告诉对方，亲事有了希望。媒人赶紧讨问道：“什么日子听准信儿？”女方家说某某日。于是，媒人告辞而去。

喜门

女方的讷讷送走媒人后，便向丈夫介绍男方的情况。丈夫如同意，讷讷就向姑娘介绍情况，同时也谈了丈夫和自己的意见。姑娘如对男方情况较为满意，便点点头说：“由讷讷和阿玛（父亲）做主吧！”有的满族地区流行着双方父母互相窥看对方的“看门户”习俗。“看门户”主要是了解对方的门第和人品，而不是钱财。“看门户”后，接着便是“小定”。

小定与返礼

小定 就是媒人第二次带着求婚使命来到女方家里，讨得女方家的肯定答复之后，便带着男方的讷讷来到女方家里相看。男方的讷讷若对姑娘的人品、举止、相貌等诸方面都满意，便留下簪珥做定礼，这就是俗称的“小定”。

返礼 指女方家接受男方家的“定礼”之后，选择吉日，到男方家赠送礼品。从前在女真人早期，男子娶妻可获得妻子的一份资产。“返礼”之后是“放定”。

放定与问语

“放定” 指女方家返礼后，男方家要备下首饰、衣物、猪、酒等礼品，选择吉日，会同宗族亲友多人到女方家，女方家也邀集宗族、亲友多人相迎。女方家中堂设置供桌，男方家将礼品放置供桌上。男女双方的阿玛并肩跪在供桌前，斟酒两盅互换，俗称“换盅”，然后女方家设宴招待男方家来的客人。

双方入席后，男方家的宗族长者站起来致辞，正式向女方家求婚。一般是这么说："某家小子某某，虽然不肖，已经长大成人，到了娶亲的年龄。听说某家姑娘贤淑聪明，今天前来求亲。如蒙应允，我们全族都感到光彩。"女方家宗族长者则站起来致谦辞，经男方家宗族长者再三恳求，女方家族长者方才应允。

这时，男方在媒人的引导下，跟随女方的阿玛入拜女方家的祖宗板；然后再认阿姆哥（岳父）、额姆哥（岳母）等女方尊长。至此，两家的姻亲关系算正式定下来了。

问话 男方家经过一番筹备，认为迎亲的条件已经具备了，便设宴请媒人和女方的父母一起商定迎娶的日子叫"问话"。

迎娶

迎娶的日子定后，男方家便在迎亲前的一个月，将为女方准备的服装、首饰、布匹以及赠送给女方父母的猪、酒等礼品，一并送到女方家，这就是俗称的"过礼"，也叫"下大茶"。

开剪 满族人很讲究穿戴，姑娘也都是巧手之人。所说"开剪"，是指女方家选择吉日，将男方家送来的布匹，陈放在中堂的桌案上，由阿玛或达达用剪子剪开，然后姑娘按照自己的身材和喜爱的款式，自行裁剪缝制。开剪这天，姑娘要仔细梳洗打扮，并且将发式由辫发改为盘髻（这是满族的一种传统头式）。头发盘在头顶上，使人显得十分庄重。姑娘梳这样的头，表示姑娘已经许配他人了。

过箱柜 在结婚的前一天，娘家向姑娘赠送嫁妆，并派姑娘的女伴和弟妹将嫁妆送到男方家。男方家收到嫁妆后，新婿要携带"离娘肉"（猪的肋条肉），骑马到女方家向阿姆哥、额姆哥致谢。

打下处 在结婚的前一天，新娘在伴娘的陪同下，来到男方家附近预先借好的住处住下，这叫"打下墅"，也叫"打下处"。

娶亲 ▶

新娘住的炕上要放置几枚钱币，叫“压炕钱”。“打下墅”是八旗军中的古老遗风。当年八旗兵驻守边陲几年不归，远在故乡的姑娘信守婚约，千里来完婚，先要在军营附近借房子住下。

娶亲

插车 迎亲这天到了，新郎、新娘家里的人五更天就起来忙活。新娘家用篷车送亲，新郎家用彩车迎亲。送亲时，新娘的兄弟或族兄要走在车辕两边护送，而且要时时留心，严禁快速行车，这叫“押车”。“押车”的习俗同古时氏族社会抢亲风气有关，也和后来的军中完婚千里护送有着紧密的关系。

新娘家的送亲篷车，从“打下墅”的地方五更出发；新郎家

知识链接 **烟与满族婚俗** 烟在辽宁满族婚俗中占有重要地位。依满族旧俗，子女到了成年才由父母为他们商议婚事。男女两家同意后，男方派出一人去相看女方，女方就会叫待聘的女子为来客装一袋烟。《中华全国风俗志·奉天》篇“相看”中有诗云：“十五娇娃未上头，初闻相看意含羞。装烟低首归房去，早饭谁知留不留?”订婚的女子要着盛装去见男方的尊长，见面时要用旱烟袋装烟依次相敬，谓之“装烟”；男方的尊长要给赏钱，谓之“装烟钱”。礼毕，欢宴而归，次日再行聘礼。

结婚之日，新娘拜过天地之后便更换衣服出来见客，并为每一位客人装一次烟。按礼数客人要给钱以示祝贺，称作“拜钱”。故有诗云：“发挽金钗头贴钿，亲劳玉手为装烟。晚来簿子分明记，多少何人出拜钱。”

的迎亲彩车，也是五更出发。两车在途中相遇时，外车厢互相交错。新娘在送亲篷车上换好结婚盛装，由阿玛抱到迎亲彩车上，叫“插车”。这一仪式也同满族古老的军旅婚姻有关。

拜北斗 迎亲彩车到新郎家门外，新娘必须在彩车上坐等一会儿，俗称“劝性”。然后新郎朝彩车弯弓虚射三次，新娘这才身背铜镜，怀揣宝瓶，在伴娘的左右搀扶下，脚踏马杌（一种四腿立式方凳）走下彩车。新娘走下彩车后，脚不能沾土，要踩着红毡，在新郎的引导下，由伴娘搀扶，来到院中的神桌前，同新郎一起望北而拜，俗称“拜北斗”，实际就是拜天地。

满族非常崇尊天神。他们在茫茫的林海里狩猎，或在江河湖海里捕鱼，夜里明亮的北斗星是他们识别方向的标志，也是悬挂在天上的天灯，是他们心中的朋友和伙伴，所以自古满族婚礼中就有“拜北斗”的习俗。

坐福 拜北斗仪式结束后，新郎用马鞭（或用秤杆）挑下新娘头上的红盖头，放在院中的帐篷顶上。新娘跨过马鞍走进帐篷，面南“坐斧（福）”（坐垫底下放一把斧头）。在新娘“坐福”期间，新郎一直站在帐篷外边守卫，不得离开。

留宿 当夜幕渐渐降临后，新郎要背着包裹绕帐篷走三圈儿，边走还要边试探地问，“留不留宿哇?”新娘如果羞于回答不吱声，新郎便只好继续走下去。直到新娘回答：“留宿。”新郎才能走进帐篷。

挑盖头

新郎在帐篷外绕圈儿的时刻，女孩子们三五结伙，隔着帐篷与新郎作对，耍弄新郎。每当新郎问道：“留不留宿哇?”时，女孩们便在夜幕之中冒充新娘喊：“不——留——!”于是，新郎只好继续走圈儿。看着新郎一圈一圈地绕着帐篷走动，女孩子们觉得十分有趣、开心。时间长了，新郎的兄嫂或族兄嫂出来干涉了，对着女孩子们喊：“喂！别闹啦!”女孩子们喊：“不行!”一阵哄笑后才罢休。这时，走得满头是汗、焦急不安而又无可奈何的新郎，才能从女孩子们的

知识链接 **满族婚俗歌**

长袍马褂响銮铃，迎亲新郎面春风；
一路吹吹又打打，喜迎佳人唢呐声；
陪送嫁妆装满车，哥哥抱娇入轿中；
送亲迎亲半路遇，中途插车把亲迎；
花轿来到大门外，新郎射箭响三声；
鞭炮齐鸣下了轿，忙倒红毡脚步轻；
抬脚迈过马鞍去，跨过火盆日子红；
新郎新娘齐上炕，背靠背地坐福星；
梳洗打扮到院中，天地桌前拜三声；
夫妇同饮交杯酒，洞房良宵鱼水情；
迟迟方把盖头掀，好似仙女下凡尘；
次日早起先请安，公公婆婆叫甜声；
习惯装好烟两袋，孝敬老人辈辈兴。

流传地点：乌拉街韩屯
讲述人：关建华
搜集整理：关云德

恶作剧中解脱出来……

满族是一个尚武的民族，结婚住帐篷说明过去男子远征戍边，所以结婚仪式在帐篷里举行。

▲

饮交杯酒

当新娘住进帐篷或入洞房之后，由伴娘用红线绞掉新娘脸上的汗毛（汉族姑娘是婚前在娘家开脸）。过去满族女子到军营完婚，只好在到达丈夫的驻地之后“开脸”打扮。

婚礼这天的正午，新郎家要祭神灵。院中要设下神桌，供奉上猪哈力巴肉（猪肘），三盅酒要放在碟内，另放尖刀一把。新郎、新娘面对南方跪在神桌前，穿戴威武的萨满 （也有时为宗族的长者）单腿跪在神桌左首，用满语高唱《阿察布密歌》。祭歌分三段，萨满每唱完一段，就用尖刀割肉一片向空中一抛，然后端酒一盅，举到与眼眉共齐的地方，再泼到地上。

祭祀时的气氛十分热烈。萨满的动作庄重、神秘、有趣，往往使亲友和来客们欢笑不止。当《阿察布密歌》三段唱完后，鼓乐齐鸣，婚礼的喜庆气氛达到了高潮。这种祭拜天神、地神和其他诸神的仪式叫“撤盏”。

婚礼的当天晚上，新郎、新娘要吃交杯酒、行合卺礼，夫妻争坐被上，以为吉兆。新郎、新娘二人争坐被上是很有趣的。这时，新娘、新郎一改白天的拘谨情态，两人争着抢坐被上，争得难分高低上下，结果常是二人同时坐在被子上面。这种“争坐被上”的婚俗，反映了母系氏族社会与父系社会交替过渡时期的状态，但在今天已变成一种喜庆的仪式了。

第二天一大早，新婚夫妻便赶在全家人之前起来，先拜祭先祖神位，然后拜父母、兄嫂、姑姐和宗族中的长辈，俗称“分大小”。

三天之后，新娘在新郎的陪同之下，回娘家探望父母。新郎拜见岳父母方面的各个长辈。至此，满族的婚礼仪式才告结束。

我们从满族的婚礼中不难看出，这个民族崇尚武功、敬奉天神地灵、缅怀先祖先人、注重门第和人品，婚礼非常有特色 。

▲

绸枕

满族丧葬

满族先人在历史上曾经实行过“天葬”。肃慎、挹娄、勿吉，夏天人死实行土葬，因便于挖土掩埋，死者无棺无木，冢上作屋不令雨湿，杀猪积冢上，为祭祀供品；秋冬土冻，人死则实行“天葬”，将尸体置于树上，用尸捕貂。辽金时，满族先人丧葬形式有天葬、火葬和水葬。女真人死，将尸体置于大树枝干上，令禽兽食之，仍属“天葬”之俗；“头目女真”则火葬，死者“皮冠上缀白鹿布，前遮面目，后垂于肩”；居住江边的满族先人还有实行“水葬”的，将尸体置于水边，水涨而冲没。

满族人的丧葬习俗继承了女真人的主要丧葬仪式，但由于社会、经济进一步发展及受汉族影响，也发生了一些变化。满族人也主要以土葬为主。但满族人对横死的人，如上吊、车祸、淹死、痨病（肺结核）死的，都必须火化，不能土葬。

满族老人在弥留之际，要把祖宗板和祖宗匣取下来，用红布或者红纸包起来，等出灵之后再放回原处。老人病危时，要抬到南炕，不能让老人死在西炕或北炕，那样不吉利。

一般人家老人死后，要顺炕放三块木头，俗称“停尸排子”，把死人放在上边。要头朝西，脚朝东。死者的嘴里要放一枚铜大钱，或者硬币，叫“含殓”。

要停灵三天。第一天，报丧。通知远近亲友，当晚家人不能

“旗材”的侧面

睡觉，叫作“守灵”。死者头前放一盏豆油灯。用棉花捻成长捻，一半在碗里，一半在碗边，豆油灯一夜不灭，俗称“照尸灯”。死人，一般要在屋里停放一夜，第二天入殓、祭奠。当人们抬尸首时，不能走门，要走窗户，因为门是留给活人走的。第三天出灵，即出殡。

满族人的棺材与汉族人的不一样，汉族人的棺材是平顶的，满族人的棺材是起脊的，上尖下宽，跟起脊的房屋一样。满族人叫“旗材”或称“满材”。棺材不能是白茬，要着色，一般是红土色。两边棺材帮要画上山水花纹、云子卷儿，俗称“荷包棺材”。棺材头要画云子卷儿和仙鹤等，也有的画上各种花卉，俗称“花头棺材”。棺材头的横批，一般是“驾鹤西去”。棺材后头，要画上莲花，叫作“脚踩莲花上西天”。

“旗材”的棺材头——“怀头”

第二天，中午开始“祭奠”。亲朋好友得信前来，要献上“帐子”和礼钱。“帐子”就是整幅白布，白布上边别着用白纸写的大字“某某千古”“某某万世流芳”等，丧家要把帐子悬挂在灵棚里，供人观看。棺材头旁边，站着一个主持仪式的人，子女和家人跪在棺材两旁，叫作“陪孝”。吊唁的亲友要站在棺材前头，由主持人高喊：“某某老人家，你老听真，这位是你老的什么什么人，前来给您老吊孝来了！”随后向凭吊的人喊：“一鞠躬，二鞠躬，三鞠躬，叩首！”凭吊者三鞠躬后跪下磕头。顺序是先长辈，后晚辈。

满族人家死人成殓后，在院内要挂红色幡旗，有一尺多宽，一丈多长，挂在院内西边一根两丈多高的木头杆子上，满族人认为幡是死者的灵魂。每天太阳出来之前，将红幡挂起，太阳落山之后，将幡取下，放在棺材盖上。

出殡的时候，长子手举“灵头幡”，走在灵车前头。灵车后，其他子女们打着“铭旌”，就是细长的布条，像旗帜一样，结在一根长棍上。布条的周围镶着狼牙边。旗的颜色，要根据死者是哪旗人而定。

满族死人，不写“殃榜”，这点与汉族不同。所谓“殃榜”，就是在一张白纸上写明某人某日某时“含殓”，某年某月某日为死者生日，某月某日某时辰为“四煞日”，某月某日某时辰为“避忌日”，告知亲友，按时参加仪式，按时回避。

出殡回来，要摆筵席宴请参加送葬的亲戚朋友，叫作“辞灵饭”。

祭奠日期，有“一七”，也叫“头七”，就是人死后的第七天，家人和子女要携带供饭、供果等到坟头焚烧。以后是“三七”“五七”“七七”祭奠。到了一百天，还要照样祭奠，叫“烧百日”。祭奠完毕，家人和子女在坟前脱去孝服，叫作“脱孝”。到了一周年时，要“烧周年”，举动比较大。再以后，要“烧三周年”。每年到了清明节，家人和子女要上坟祭奠。

满族丧葬习俗虽较之过去有较大变化，但在满族聚居的一些地区，仍然存留着过去的一些丧葬遗俗，如指路、报庙、哭九场、送褡裢等。

清永陵煮肉用的铁锅

丧礼遗俗

报庙、烧饭　这是满族旧时的丧葬习俗，过去，满族宗族有家庙，庙内藏有家谱书，人死后，不放在炕上，而是立即在炕下架三块木板，将尸体头朝西放在上面，然后是报丧，同时家人在家谱上死人的名字旁画一道黑杠，就算是“报庙”了。送丧后，在坟前摆供桌、烧纸、烧酒，然后，将饽饽、肉菜一起烧掉，为 “烧饭”。“烧饭”有周年之俗，葬后七天、四十九天、百天、周年各烧一次，连续烧三年。

清永陵甬路西侧下马碑

备材　老人50岁以上时，子女为老人上山砍木头，一般是果松（红松），请木匠做两口荷包（棺材）准备着，俗称“旗材”。城市里一般都不备材，人死后，直接到棺材铺购买。

丧仪　当家中死者弥留之际，便更易新衣，俗称“穿寿衣”。灵床放在南炕前，头西脚东。断气之际，全家老小不许哭喊，静静地等候老人安静离开人世。人死后，白布（纸）蒙脸，用白线绑住双脚，这叫绊脚丝（入殓时打开），还让死者两手攥两个硬币，表示死后有钱花。还要把一只公鸡用手捏死，放在死者头前，叫作“倒头鸡”。这时大家开始哭啼，哭得有声有韵，哭的内容都是死者生前的优点好处，这叫“哭九场”。满族长辈人去世，儿女穿白色孝衫。孝衫一般过七天后才脱下，等到百日后再穿孝衫上坟烧纸，然后脱孝。

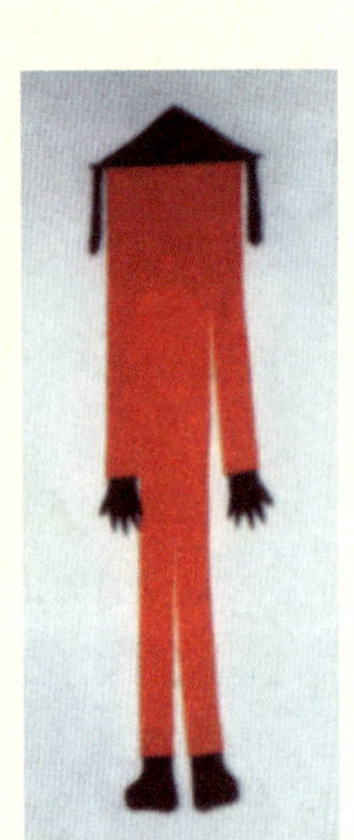

满族用的灵魂幡

挂布幡 老人一咽气，首先在院子西南处竖起一个七米长短的木杆子，木杆顶端悬挂大红布幡，俗称“魂幡”。布幡一经悬挂出去，亲朋故里纷纷而来。在灵前叩头之后，男左女右，分列两旁，直到夜间。直近亲友还要轮流在灵前“守夜”。“守夜”的人不能睡觉，天冷时拢火堆取暖。丧家要准备酒和食品，供“守夜”的人食用。

入殓 择吉日吉时举行入棺仪式。棺材放在南窗下，棺内糊纸，然后把筛过的土铺在底层，土上再铺一层黄纸，放上七枚铜大钱，这叫“垫背钱”。尸体从屋里抬出时，不准天日照死人，不准从房门抬出死人，因为房门是活人走的，忌讳死人经过。所以入殓处，用遮盖物支上棚。尸体由窗户抬出，长子抬头，其他儿子抱脚，装入棺材，入殓完成。

停灵 停灵要根据家庭经济情况而定。人死停灵一七、三七、五七、七七不等。生活富裕的家庭，长辈人死可停灵七七四十九天，生活困难的家庭人死后随时出殡。近些年一般都停灵三天，分大三、小三。小三指晚上死时就算一天，大三指晚上死不算一天，而且入殓和出殡同时进行。停灵时，“孝子”不能离开灵棚，朝夕守灵。

出殡与下葬 满族人出殡必择单日，说双日出殡意味死双人，不吉。那天一早，要派人到祖坟地“打井子”，先由外姓人把锹土取出放在一边，准备下葬时使用，然后大家一齐往下挖，挖到二尺八寸深，就不往下挖了。出殡伊始，首先要把布幡从木杆上取下来，孝子或孝孙举起布幡走在灵柩前面，作为引路。起灵后，摔丧盆子，吹喇叭，红布幡在前头引路，各种纸扎物（纸人、纸马等）跟在后面，一边走一边撒纸钱。到达墓地，先在地上横放两根短圆木，将灵柩落在短圆木上。之后，大家开始抢撕那块布幡，由于人多，按旧俗都应抢上一块，因此撕得很碎。生前养的猎狗和弓箭，也要在火中焚化，将骨灰埋在灵前脚底下。

服丧 入葬后，丧家门外不设殃榜。一般汉族在门外设殃榜。所谓殃榜，是由阴阳算命先生开列的含殓日、生辰日、回煞日、避忌日，三日领魂不返家，寄送土地庙。服丧期间，丧家男女以白布袍带为丧服，葬前，带垂至前胸，葬后，男挽于腰间，女戴包头。百日内，起居不释白，男截发，冠不缀缨；女剪发，头不戴簪花。

丧葬习俗的发展

从满族历代先祖来看，曾先后经历过土葬、兽葬、火葬和树葬等不同的习俗。

由于受自然地理环境的制约和生活习惯的影响，早期满族的丧葬仪式比较简约，也很粗疏，主要形式有天葬、树葬、水葬、火葬等。

清永陵礼敦巴图鲁墓

天葬　亦称鸟葬，当一个人死于秋冬之季时，其亲人将其尸体抛于野外，让鸟兽啄食。据《清朝野史大观》卷二记载，人死后赤身露体，涂抹牛油，套挂在森林的高树上，或者投入深山野谷之中，以此来招引鸟兽啄食。如果尸体被吃得干净，则认为吉祥，亲朋好友前来祝贺；若吃得不干净，则认为此人生前有罪孽，阴曹地府不予收留，须再涂上牛油，务必使之吃光为止。这种葬式和藏族的天葬风俗极为类似，不过这一葬式受季节和气候的影响较大，在入关后这一葬式就趋于消亡了。

树葬　也叫风葬，死后用树皮或兽皮将尸体围裹起来，置放于深山的大树上，腐烂风干后解下来，放在地上用碎石逐体掩盖，或者“死者柩悬于树”。还有将尸体置放于树洞的风俗：选择枝繁叶茂的大树，在树干上凿穴，将尸体放入。

骨灰罐

水葬　人死之后，亲人将死者尸体近水放置，随水涨而没，浸入江中随水流之。这一葬俗主要是适应居住在黑龙江、松花江、乌苏里江一带的满族而存在的，受地理因素的影响较大。

火葬　这是沿袭女真旧俗而来的一种葬俗。人死之后第二天就将尸体放在荒野上点火焚烧，“死则翌日举之于野而焚之”。服丧期较短，以后丧期渐长，但“七七内必殡”。有些满族贵族死后先放入内垫芦柴的棺材里，然后放在柴垛上点火烧焚。还有些实行先焚尸后埋骨的丧葬方式：先将尸体以火焚之，捡具尸骨放入陶瓮之中挖穴埋之。这种葬式在满族人中流行极广，甚至入关前后的一段时间里，满族还有人实行火葬，“丧必火葬，生前玩好，美珠重锦，焚于

昭陵方城

灵右，不惜也”。据考证，努尔哈赤及其长子褚英、十五子多铎、皇太极、多尔衮、董鄂妃等都是实行火化后安葬。

土葬 入关以后，满人大量吸收汉民族的先进文化，普及儒家礼法，提倡程朱理学，推广“忠”“孝”思想。这样做不仅巩固了清初的统治，还促进了民族之间的了解与交流，从心理上和感情上认同了汉族的部分风俗习惯和文化。反映在葬俗方面，他们接受了汉族实行的土葬形式（自顺治帝后期起，满族一律改成棺材土葬），并结合自己民族独特的丧礼，形成了清时满族占主流的葬俗。如人死停放在西间，顺炕沿在西间屋地上放三块板子。板

祭祀

知识链接 张其寨花岭村81岁的满族老人讲述了亲身经历于中华民国时期乃至新中国成立前或新中国成立初期满族人的丧葬习俗。比如：生活好点的人家在老人死后，必须“大发送”。即在出灵的前三天请僧家或道家（以后则是请村中经常操持红白喜事的老年人）主持发送，走金桥银桥，还有“花子拦桥”。主持发送的人要喊：“看桥人本姓韩，我给亡人看桥三百单三年， 今天亡人从此桥过，必须赏我看桥钱。”然后，主人家赏钱。在出灵的头一天，还要辞灵。就是将尸体入殓后，儿孙们磕头烧纸，家族按辈分，男左女右排开磕头，长子单膝跪地，手里端着盘子，里面装着孝衫、孝带子，给前来吊孝的亲属用。亲属来辞灵时，由执殡人（喊礼郎）主持，要喊明亲属的住址、亲属关系。如喊：“某某地方（住址） ，亡人的姑舅兄弟（关系）前来吊孝，猪羊大忌，水果俱全，寿烛一对，草香三炷，清酒三杯，明天是良辰好日，该你老黄金入柜，前来给你发脚送行。”这边亲属则磕头吊孝，家人磕头还礼，俱是三拜九叩。出灵前，先打“井”。落葬后，三天添土，七天祭坟烧纸，俗称“头旗”。以后每隔七天一次，一直到第七次，称为“七旗”。“七旗”以内，儿子要戴整孝，孙子戴八块瓦孝，重孙子则戴花红孝。花红孝就是在孝带子上钉上带色的绒球，颜色是按旗属而分，什么“旗属”带什么色。

子的高度以死者的年龄而定。老年人与炕沿平，中年人次之，小孩则最低。人放在板子上，头朝西，这与汉人是不同的。棺材是起脊的，里面放谷草、栗树枝，这是火葬的痕迹。

如今，满族人的丧葬习俗已简化了许多。尤其是提倡和实施丧葬改革以后，整个丧事的繁文缛节已不存在，以火葬和追悼仪式代替。人死一般最多不过三天就出殡入葬。在满族聚居的村子里，出于满族的民族意识，至今仍有亲属吊唁孝家、跪于灵旁、长子磕头还礼。入殓及出灵时，生者边哭边唱，以及烧“七旗”，烧包袱、儿孙们系孝带子以表示哀悼等古老习俗。

门神

满族节日

满族的节日与汉族大体相同，有农历正月初一、正月十五、二月二、端午节、中秋节等。

春节

过年

古称“元旦”，是满族传统的盛大节日。每年农历正月初一举行。节期一般为3—5天，旧时有的地区延至正月十五。流行于全国各地满族地区。

满族历来重视春节，满族春节源于汉族习俗。努尔哈赤建立后金政权后，天命三年（1618）起兵进入辽阳、沈阳地区，在汉族经济文化的影响下，满族社会发生了很大的变化。尤其是顺治元年（1644）清军入关后定都北京，大批满族人迁移关内，与汉族杂居共处，在经济文化上彼此交流，互相影响，关系密切。天长日久，汉族许多习俗文化被满族人民所吸收，春节便随之成为满族与汉族共俗的传统节日。

节前，人们积极置办年货，清扫庭院，张贴对联、挂笺（亦称挂旗）、窗花和福字，蒸年糕、烙黏火勺。初一凌晨子时，家家户户鸣放鞭炮，辞旧迎新。同时，在自家西墙祖宗板下摆设供品、点燃鞑子香，叩拜祖宗，祈求神灵保佑全家大小在新的一年中平安无事，万事如意。新年伊始，全家团聚吃团圆饺子，俗称“揣元宝”。煮饺子时，家主要吆喝：“小日子起来了吗？”其他人

▲

杀年猪

同时回答："起来了！"他们把饺子从锅底浮起来比作日子起来了。煮饺子时，用杏条做燃料，取其"杏"字，谐音"幸"。然后让小孩爬上柜顶蹦三下，以示新日子"蹦个高"。这天晚辈要向长辈叩头拜年（旧时女性行跪拜抚鬓礼）家长要给小孩守岁钱。宗族近亲也要互相拜年，亲朋好友则筵宴相邀。初一至初五甚至到十五人们都相聚一处扭秧歌、踩高跷，尽情娱乐，祝贺春节。

元宵节

亦称灯会、灯节，古称"上元节"，是满族传统岁时节日。此俗源于汉族，满族沿袭了此习俗。满族人家在这一天里要挂彩灯、制作冰灯。农村有"蒸面灯"预测来年旱涝、冷暖之俗。东北地区还有做冰灯与闹冰灯的习俗。正月十四至十六一般多举行灯会，并有踩高跷、跑旱船、闹秧歌、演灯官戏等各种表演。此外，元宵节，满族也有吃元宵的习俗。

知识链接 传说满族有一女子，见元宵节点糖灯、燃松树明子不美观。她听说长安城里有宫灯，便女扮男装，驱马赶赴长安。到了长安城，不料被卫兵抓进宫里当了宫女。三年后，她学会了做宫灯，便请求还乡。临走时，皇上送一个宫灯给她带回长白山。从此以后，满族过元宵节便有了各式各样的灯笼。

《冰嬉图卷》（局部）

▼

知识链接 **灯官节** 又称灯官会或拜灯官，是满族的传统节日。每年农历正月十四至十六日举行。流行于东北满族地区。

灯官节源于乡俚古俗。满族先民多居住在东北森林茂密地区，冬季气候干燥，火灾多发，给人们带来巨大的灾难。在实践中人们逐渐认识到严防火灾的重要性。防火非一人一家之事，而是众人之责，因此，每逢火灾多发的季节，人们都通过灯官活动互相启示，彼此警告，天长日久，遂成传统民族节日。

节日期间，由一人装扮成灯官，亦称灯正司，反穿皮袄，头戴皮帽，帽上插有松树枝；再由另一人装扮灯官娘娘（一般由男人装扮），身着红袄，两耳夹上大红椒。灯官和灯官娘娘各乘一台轿子，走村串户，谓之灯官出巡。轿子十分简单，只用一把椅子捆在两根木杆上，由两人抬着。每到一家，灯官老爷都要唱一段防火告词。例如："灯花哒哒，蜡花洽洽，严防火灾，告谕各家。"灯官老爷唱完告词，户主要施礼回敬，有的还做简短答辞，表示已经引起注意，一定加强防火。临别时，户主要送给灯官红包，内装有五谷或钱币，以示吉祥和酬谢。

溜冰
（《北京画报》）

"走百病"与"照贼"

走百病是满族特有的岁时风俗。正月十六日，满族妇女日暮结伴至空地打滚以脱晦气。入夜，满族的习俗是点燃灯火，提起灯笼照遍屋内庭院各处，称为"照贼"，据说是由金代女真人在这一日纵偷习俗演变而来。

添仓节

正月廿五，满族人家将高粱秸扎成马、锄，放在粮囤上。有的将一盆干饭放在仓里，连添三日，谓之"添仓"，以求丰年。

清明节

亦称"墓祭"，是满族传统祭祀节日。原来在每年农历三月初五举行（有的地区则在四月上旬），现在则在二十四节气的清

知识链接 满族清明节插佛朵习俗的来源，说法不一。因为佛朵是用一根荆条或柳条插上一个玉米骨子而成，其上披挂数层剪成穗子或钱状的五色彩纸。因此有说它象征佛朵妈妈营救汗王（努尔哈赤），被李总兵杀害时披头散发的样子，人们祭祖时不忘她舍己救汗王的恩德，玉米骨子上叠落的五色彩纸穗子象征佛朵妈妈的头发。另有一说是，人们为了祈求祖宗神灵保佑发财，岁岁顺利，佛朵上叠落的钱状五色彩纸，意为财源，俗称"摇钱树"。

▲

《清明上河图卷·龙舟竞渡》

明举行。流行于东北满族地区。

上坟祭祖时不像汉族焚纸钱后在坟顶上压纸钱，而是在坟上插“佛朵”。“佛朵”是满语，译为汉语为“柳”或“柳枝”。根据满族所信仰的萨满教，柳是人的始祖，人是柳的子孙，为表明后继有人，要在坟上插柳。然后将酒捋地，全家人在坟前叩头行拜，以示子孙不忘祖宗，祈求祖宗神灵保佑本家族平安。

端午节

又称“五月节”，是满族的传统节日。每年农历五月五日举行。全国各地满族都过此节日，与汉族的端午节略有不同。

满族端午节不是为了纪念屈原，而是祈福避灾。相传很久以前，天帝派人下凡体察民情，五月初五这天，使臣扮成卖油翁吆喝道：“一葫芦二 ，二葫芦三。”大家争先抢购，只有一个老头不仅不买，还告诉老翁账算错了。等油卖完了，老翁尾随那个不买油的老头说：“你是好人，今天晚上瘟神降瘟灾，你在自己家屋檐上插上艾蒿，可以躲过瘟灾。”老头听后就挨家挨户告诉所有的人，家家插上艾蒿，瘟神无法降瘟灾，人们都得救了。

另一传说，清初有个青年叫作唐阿里。有一天，他上山打猎时，从虎口中救出一位老人，老人感激不尽，便以小女年息相许，唐阿里和年息成婚后，彼此相亲相爱，生活美满。不料火神

看中了年息的美貌，企图霸占年息，年息宁死不从，五月五日那天，便被火神活活地烧死了，骨灰飘撒在山间野岭里，第二年，满山开遍红花，人们取名为年息花。从此，每逢五月初五这一天，人们都成群结队地上山纪念年息。用年息花上的露水洗眼，认为这一天年息花上的露水可以驱走各种眼疾。

端午节那天，满族家家户户都在门檐下插上艾蒿、蒲草、桃树枝，小孩手腕、脚腕上缠五彩线，还扎把门猴。人们还要到野外踏露水，用露水洗眼睛、洗脸和洗头，以防生疮疖、闹眼病。节日吃黏饽饽、饺子、做黏米干饭。

知识链接 **虫王节** 农历六月初六。过去，每逢此日，每户出一人谒虫王庙，并杀猪以祈虫王，祈求虫王管住虫害。后来深知虫害靠防治而不靠祈神。农村改为“晒衣节”，城市改为“曝书节”，晾晒衣物、图书防止虫咬。

八月节

亦称“中秋节”，是满族传统岁时节日。每年农历八月十五日举行。流行于全国各地满族。

中秋节源于汉族习俗，满族先民有祭日、月、星辰的习俗，由于满汉长期杂居，特别是满族入关主政以后，两族人民在文化习俗上彼此影响，互相渗透，满族的祭月活动，逐渐地与汉族的赏月习俗糅杂在一起，遂成八月节。东北有些满族人过中秋不叫

戏台外景

赏月，而称供月，显然是祭月的遗风。

节日那天晚上，明月升空以后，满族家家户户在院子里摆一张桌子，放上月饼、苹果、桃、梨、葡萄等水果和食品，点起三炷香，全家大小对着月亮叩头（有的地方只烧香不叩头），叩头礼拜后，围坐在桌边共食月饼和果品。供月习俗现已废弃，但八月节吃月饼、赏月的风俗依然盛行。

腊八节

满族传统节日，每年腊月初八日举行。旧时流行于全国各地满族地区。

知识链接 腊八节的来源，民间传说不一。一种说法是，释迦牟尼修行时劳累饥饿过度，昏倒在地上，牧女发现后，取香谷和果品等熬成“乳糜粥”送给他吃，吃完，他到河里洗了个澡，然后在菩提树下静坐沉思，腊月初八那天，得道成佛。为了纪念此事，佛教教徒便于每年腊月初八煮“腊八粥”供佛。

另一种说法是，古时候满族有个首领，以势欺人，坑害百姓，常年挨家逐户要吃要喝，人们敢怒不敢言。有一年的腊月初八，有一个老农民想出了一个主意，用糯米、红糖和十多种干果熬成粥，请那个首领去吃。首领一看就怒气冲冲地问：“这叫什么饭，稀拉巴叽、黏黏糊糊、乱七八糟的！”老农灵机一动，想到这天正是腊月初八，便顺口答道：“这叫‘腊八粥’哇，俺家祖传下来的，好吃，您尝尝？”首领一听这个名称就感到逆耳，气得连话都不说，回身就走了。从此以后，他再也不挨家逐户地吃老百姓的东西了。人们为了纪念这位老农，每逢腊月初八，都熬“腊八粥”喝，时间长了，便成了满族的一种习俗。

节日那天，家家户户都用黏秫米、小豆、红枣、粟米、花生米等八种五谷杂粮熬成“腊八粥”奉供祖宗神灵，馈送亲朋好友，然后自家食用。在农村，有的还用腊八粥奉供果树，他们在树干上割开一个口，抹上腊八粥，祈祷果树多结果实。

小年

亦称“祭灶神”，旧时满族传统祭祀节日。每年农历腊月二十三日举行，流行于东北满族地区。

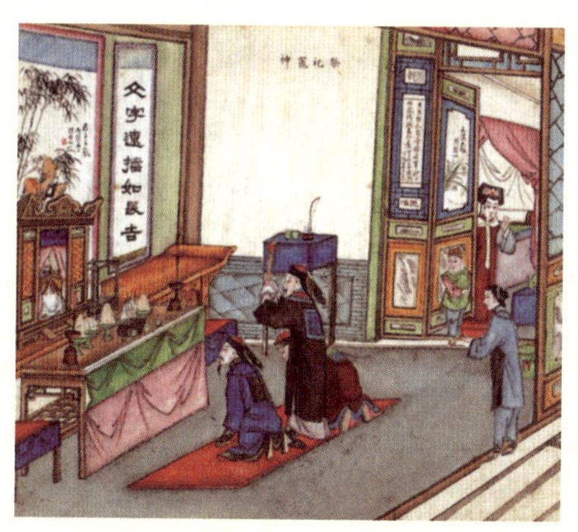

祭祀灶王

此俗始于汉族。人们认为，灶神是掌管各家祸福、监视人们行为的神祇，不可得罪于他，要祈求他禳灾赐福，保佑人寿年丰。满族受汉族的影响，也沿袭此俗，成为满族的传统节日。节日那天，满族家家户户清扫庭院，在门窗和祖宗板上贴挂笺、福字、窗花和对联；在灶头立灶爷牌（后演变为画像）；在院里竖起一根几米高的灯笼杆，杆顶或扎一把松树枝，或插一面红色小旗。天黑后挂上灯笼，通宵不熄，灯熄为不吉利。家家户户红灯高照，景若天上繁星，一直到正月十六日以后才熄灭灯火。家家户户都要燃香、上供、鸣放鞭炮，奉供灶神，俗称送灶王爷上天。祭拜时常用的祝词是：“上天言好事，下界保平安。”

除夕

俗称年三十，是满族传统岁时节日。时间在每年农历腊月最后一天。旧岁将尽，新岁来临，家家户户忙着清扫庭院，去尘秽，净门户，准备鸣放鞭炮，辞旧迎新。各家还做年糕，用年糕等供祖宗。除夕有贴福字、挂笺（亦称挂旗）、窗花、对联的习惯；有在院中立灯笼杆的风俗；还有辞岁、守岁等规矩。

福字的贴法很讲究，有将福字倒贴，取“福到”之意的，也有将两个福字连贴，取“多福”之意的。挂笺、窗花是满族节日的吉

知识链接 **节日食品** 腊月二十三，灶王爷上天。祭灶王爷要有糖。做糖有的用小黄米，有的用糖萝卜或大米，而大多数用大麦，唯有满族用秫米和大萝卜来熬糖，其味美香甜。熬成的糖块，除祭灶王爷外，当初一来拜年客人，也要请他们品尝。

腊月二十三过小年，农家在这天撒年（黏）糕，并给灶王爷供上，粘住灶王爷嘴，以免在玉皇大帝面前说坏话。在晚上夜深人静时还要将编制的秸马、小狗、小公鸡等六样祭品同灶王爷画像一起烧掉，并鸣放鞭炮送灶王爷上天。

正月二十五填仓，各家制作三样水捞米饭（即秫米、小米、苞米馇子），蒸煮八成熟（其意是确保庄稼收熟八成）。男人们动手制作小犁杖、小车、小锄头、小镰刀等。拂晓进哈什（满族仓房），在囤子尖上放上一碗饭和三炷香，然后念丰收歌：人畜两旺粮满仓，风调雨顺多得力，鸡鸭鹅狗家禽旺，吾们老少谢上仓。

二月二龙抬头，这天祭福、德、土地爷正神。庄稼院蒸大馒头十个，五个为一份分东西供上。此日，农户吃猪头（猪头的眼、耳、鼻子里，用铁棍子烙），意为烙虫子，以免庄稼遭虫灾。

五月初五端午节，满族人称之为“破五”。以吃鸡鸭蛋为主要食品，还要吃鱼和粽子等。

七月十五，家家户户做巧果。传统的五花菜、腊菜各有各的特色。五花菜，食后而清心火；腊菜食后通七窍。对上述两种传统菜的配制做法也有不同。五花菜：采用鲜大白菜、大萝卜、青萝卜，还有胡萝卜、芹菜。将五样菜切后放入适量盐，搅拌后即可吃，清热解毒又消炎。腊菜：将玉根头煮熟，出锅后立即用大萝卜丝捂盖，待凉透后再吃。此菜食后通七窍有益健康。还有与众不同的波罗叶饼、苏子叶饼、酸汤子、荞面葱花卷子、豆面卷子等等，都是传统风味食品。过大年吃年饭，传统的说法是：盛京东是黏火勺，盛京西是黏豆包，盛京中是黏切糕。

十二月初八吃腊八粥。腊八粥配料奇特，用四米、两仁、两子。四米有：黏秫米、黏馇子、小黄米、大黄米。两仁有：山核桃仁、松子仁。两子有：五味子、枸杞子。此粥大补。

祥装饰物。除夕，家家户户都在西墙祖宗板下面贴上挂笺，在窗户上贴窗花，在门两边贴对联，以象征辞岁迎新，吉祥如意。挂笺是用彩纸剪成的，中间有剪“寿”字或“福”字的，也有剪“松鹤”或“鲤鱼”的，挂笺的下端剪成穗形。有的地区，挂笺的颜色要与自家所属的旗籍相一致。例如，属白旗者，贴白色挂笺；属红旗者，贴红色挂笺。院中立有灯笼杆，也叫索罗杆子，高数丈，上端悬挂着灯笼，杆顶安上一浅方形的锡斗，斗内盛些猪的五脏供乌鸦、喜鹊去吃，这是相传乌鸦、喜鹊曾救过清太祖努尔哈赤的命，为报答乌鸦、喜鹊救命之恩所形成的习俗。

守岁时包饺子，要捏出褶，忌讳包光边的，认为新年伊始，吃光边饺子，意味着日子会过秃，日后将一穷到底。

颁金节

近些年来，在党和政府的关怀下，民族文化事业兴起，满族也和其他民族一样欢度本民族的节日。各地的满族同胞将每年农历十月十三日作为满族的节日。1989年10月，将此节日名称定为“颁金节”。“颁金”来源于满语“颁金毕”，意为“生成、生机勃勃”或“新生、欣欣向荣”之意。这个节日的名称，既是为了纪念本民族称谓的命名，又含有反映满族——这个古老而又年轻的民族充满勃勃生机之意。1993年11月23日，北京满族同胞首次欢庆本民族的节日“颁金节”。

颁金节

礼节与禁忌

礼节

俗话说：“满洲人规矩大。”满族十分注重礼节。

请安、打千　满族常见的礼节。过去小辈对长辈，三天一请安，五天得打千。请安为小礼，垂手站立，鞠躬唱喏：“请某某安。”打千为大礼，其形式男女有别。男人见到长辈，先哈腰，

男女揖拜请安

左腿前伸并弯屈，右腿曳后；左手扶膝，右手下垂，与此同时唱喏："请某某安。"女的头微低，双手贴腹相交，膝下蹲，同时唱喏："请某某安。"《红楼梦》第八回有描写家人见宝玉时请安、打千的情景："一见了宝玉，赶来都垂手站立。独有一个买办名唤钱华，因他多日未见宝玉，忙上来打千请安。"满族请安有"定省"，即少辈对高龄长辈固定每天"请早安""请晚安"，这又称"晨昏定省"。

抱腰接面礼 满族表示最亲密的大礼，一般用于至亲相见。其形式是，右手抱腰，左手抚背，交颈贴面。此俗自后金时就有，"亲旧相见者，必抱腰接面，虽男妇间亦然"。至亲相见也有行"顶头礼"的，这一般常见于老两口之间，老头出远门回来，老太太迎上前，用脑袋顶着老头胸脯，老头轻轻地抚摸一下老太太的脖子，或拍拍后脑勺就行了。

抚鬓礼 满族传统请安礼节之一。《清文汇书》："妇人满礼叩头，两手按腿三叩后，以手加额直跪着点头，如汉女人跪拜之礼。"因其礼有"以手加额"的动作，即以右手指从眉上额头至鬓角连抚三次，然后点头目视长辈，故民间亦称此大礼为摸鬓角礼、抚鬓儿。平辈妇女平日相见，"以右手抚其额，点头为拜"。

叩头礼 常见于下级对上级、少辈对长辈。表示恭敬、侍奉、恳求之意，或春节拜年，均行叩头礼。行礼时，先脱帽，跪左膝，后跪右膝，马蹄袖一弹，双手着地，连叩三下头。此俗自建州女真时就有，《建州闻见录》云：“将胡（指女真人为官者）之见奴酋（努尔哈赤），脱笠叩头，卒胡之于将胡亦。”祭祀时也叩头。

满族在平日，对长辈非常恭敬。过去，无论大家小户，都有晨昏定省的规矩。每日晨起，晚辈要向长辈请安，行磕头礼或打千。新年晚辈见长辈须长跪叩首。就是小孩儿平时在家玩时遇见长者也必须肃立请安，等长者进屋或走远后才可再玩。小辈人到长辈家，无论年岁大小，虽为宾客，也只能坐在旁座。平日当长者在坐，儿孙都不能与老人并肩同坐，而在一旁垂手站立。在路上遇长者，必鞠躬垂手问好。如骑马，必下马，恭候路旁请安问好，待长者过，方可乘骑而行。如步行，垂手立路旁，待长者过，方可步行。晚辈如因事外出或去上学，一定先叩问父母，方可动身。外出归来必须先看望长者，然后才能回房休息。过年时，晚辈无论男女，都要给长者磕头，这在满族则是最大礼节。磕完头起来用常礼请安。

▲

张波剪纸作品《媳妇穿错公公鞋》

儿媳妇对公婆更是恭敬，要端庄恭谨，每日给公婆装烟三次，一日三餐要站着侍候，早晚还要送上洗脸水和洗脚水。新媳妇头一年不能上炕吃饭。在公婆面前不许穿短衣服，不许大声责骂孩子。儿媳妇外出，临走要给公婆装烟，说声“请阿玛、额娘看家”。来了客人，儿媳妇要扎上围裙听婆母在炕上吩咐，每喊一声媳妇要答应“嗻”，再去干活。即使媳妇年岁很大，在年岁小的长辈面前也要恭敬侍候。

满族媳妇不能和公婆同桌用饭，而孙子、孙女倒可以。吃饭时老人要坐主位，左边可以坐孙子，右边可以坐孙女，而媳妇则穿着大褂垂手站在桌头一米远的地方看着老人吃。待老人吃完饭漱完口后，她才可以拣回自己屋里去吃。

姑娘外出串门或回家也要给长者行礼问安，至于日常晨昏定省更不必说。凡女人日常所用之礼皆称请安。做法是微低头，两手握空拳顺两腿自然下滑，双膝微曲。但姑娘给母亲、奶奶、姥姥等长辈请安必头顶其胸，以表示亲热。平辈相见，兄弟姐妹各用贴面礼，朋友用擦肩礼。

满族人家来客人，如果长者不在家，只能男孩陪客。满族待客也是十分讲究的。如果是长者则先请安，然后让坐，请客人擦脸、漱口，再装烟倒茶。这是四季常礼。吃饭时必须用干净的抹布当着客人面再将饭桌擦一遍，接着上来四个压桌小菜摆在桌心儿，再上吃碟和筷子。筷子要摆齐，但不能当客人面蹾齐。筷子摆在桌子右侧，粗头向外。上菜要上双数。

满族人吃饭也有规矩，儿媳不可与公婆同桌共食，必分炕而坐。若来尊客，必由长者作陪，小孩儿不准上桌。客人食毕，家人方可进餐。招待客人时，炕桌放南炕正中，入座时，长者和客人坐炕桌南侧，亦称“横头位”，男左女右，盘腿入坐，媳妇则须站在屋门一侧伺候。

▲

满族剪纸

满族人以西炕为大，睡觉时专留西炕给贵宾，只有南北炕的，南炕为尊，由长者坐卧，北炕为小，由晚辈坐卧。睡时须将幔杆上的幔幛放下。

满族有重小姑习俗。满族未结婚的姑娘地位很高，公婆上坐，小姑侧坐，媳妇则侍立于旁谨慎侍候。

满族人民大方好客、恪守信义。在满族聚居地方，有人路上拾到东西要设法找到失主，找不到要招失认领。有以“窃人之财为耻”的风习。“邻里相处，有难必帮”，一家缺米大家凑，一人打柴大家烧，为乡间邻里平常之事。互相借贷，不需立契，只凭口头相约，恪守信义。

旧时农村旅店少，过路人只好找民宅投宿。主家热情招待，酒足饭饱后自然留宿。由于满族居室一屋三炕，常是同居一室，男女不相回避。但客人入睡时必须背女主人和衣而卧，方为有礼。次日客人上路，不需留报酬，只需向男主人行“擦肩大礼”，表示谢意即可赶路。如路人入室而主人不在家，可自己动手做饭吃，饭后收拾干净，物放原处，临行时拿来草放在门前，草稍朝所去方向，主人回来后会感到很荣幸。

沈阳满族之家，有祭祀或喜庆事，要杀牲吃福肉，要请亲朋做客，让于南炕上坐。家人要将福肉敬献尊长客人。肉是白煮，不准加盐，特别嫩美，客人用刀片吃，佐以咸、酸菜，酱。客人进门向神主叩头，转身入座吃福肉，吃完就走不准道谢和擦嘴，否则是对主人不尊重。农村有年节杀牲祭祀请亲朋宾客吃福肉之习。

禁忌

满族生活中有许多忌讳，犯忌则被视为无礼貌。除了前已述及的敬重乌鸦，不戴狗皮帽，不食狗肉等禁忌外，还有尊卑、等级关系上的忌讳和规矩。新媳妇不能同公公、婆婆、丈夫同桌吃饭。长辈吃饭，媳妇在旁伺候，否则，就视为不敬不孝。大爷伯父辈不得同侄儿媳妇开玩笑。侄儿媳妇不许在大爷面前露胳膊露腿。过去满族妇女旗袍长至盖脚背，袖长至手背后，与今日之短袖旗袍大相径庭。

院中的锁龙杆，不许拴牲口。

产忌。怀孕5月以上者，禁入马棚，亦不准牵马。产房内禁放玉器，产妇亦忌见玉器。故产前须把所有玉器拿出来产房或用红布包好。

婚忌。旧时满族有不与汉人通婚的禁忌习俗。俗语云："旗民不交产，满汉不能婚。"此禁忌现已改变。

孝子治丧后百日内忌剪发，禁止参加宴会及娱乐活动。送葬后，亲人不许在家哭，否则会再死人。禁外人（包括亲友）穿孝，孕妇禁入住宅。服孝中男子不剃发，女不簪花，三年内不穿红。

满族将西墙作为供奉祖先的神圣部位，不准在此挂衣物，张贴年画；西炕俗称"佛爷炕"，供有"祖宗板子"。忌讳人们尤其是女人随便坐卧。通常客人也不得在西炕休息，更不许将狗皮帽子或鞭子放在这里。

不许从锅灶、火塘的三脚架上越过，不能用脚蹬踏或者随便坐在锅灶上或火塘边；不准在锅灶口或塘上烤脚、袜子、鞋靴；禁止将吃剩下的食物、骨头、鱼刺等扔进锅灶或火塘里。

第五章
满族萨满

萨满是在原始崇拜基础上逐渐丰富与发展起来的一种民间信仰活动，长期盛行于我国北方各民族。满族在长期历史发展中，逐步接受萨满信仰，由此也形成了具有满族特色的植物崇拜、动物崇拜、祖先崇拜等，同时在服饰仪式、祭祀占卜等方面也形成了具有满族特色的风俗习惯。萨满信仰是满族文化的重要组成部分。

萨满起源

萨满教是在原始信仰基础上逐渐丰富与发展起来的一种民间信仰活动。它曾经长期盛行于我国北方各民族。一般认为，萨满教起于原始渔猎时代。但是，直到各种外来宗教先后传入之前，萨满教几乎独占了我国北方各民族的古老祭坛。它在我国北方古代各民族中间的影响根深蒂固。直到后来，甚至在佛教或伊斯兰教成为主流信仰的我国北方一些民族当中，仍可明显见到萨满教的遗存。满、锡伯、赫哲、鄂伦春、鄂温克、蒙古、土、东乡、保安、达斡尔、维吾尔、撒拉、乌孜别克、塔塔尔、裕固，以及朝鲜等民族也都在不同程度上存在着萨满教信仰活动。马克思说："历史从哪里开始，思想进程也应当从哪里开始，而思想进程的进一步发展，不过是历史过程本身的规律修正的，这时，每一个要素可以在它完全成熟的而具有典范形式上加以考察。"恩格斯也说过："宗教是在最原始的时代从人们关于本身的自然和周围的外部自然的错误的、最原始的观念中产生的。"我们要了

清宁宫外景

萨满鼓、腰铃

解萨满教的信仰，首先要弄清萨满教本身真实的历史过程。

萨满一词最早是在我国史籍中出现的。《三朝北盟会编》中记载："珊蛮者，女真语巫妪也，以其通变如神。"但是萨满一词引发了一些研究者关于萨满教起源和分布区域的许多联想。有些学者认为，"萨满"一词源自通古斯语Jdam man，意指兴奋的人、激动的人或壮烈的人，为萨满教巫师即跳神之人的专称，也被理解为这些氏族中萨满之神的代理人和化身。萨满教绵延于奴隶社会和封建社会，有许多民族遗存和影响一直延续到今天。萨满是人和神的中介者，也是氏族的精神文化代表。萨满与民间一般的神汉巫婆相比较，保持了原始宗教的庄严性和人类童年时代文化传承的质朴性。萨满教保留了相当完整和生动的自然宗教特点，具有鲜明的中国北方地域特色。该教具有较复杂的灵魂观念，在万物有灵信念支配下，以崇奉氏族或部落的祖灵为主，兼具自然崇拜和图腾崇拜的内容。崇拜对象极为广泛，有各种神灵、动植物以及无生命的自然物和自然现象。没有成文的经典，没有宗教组织和特定的创始人，没有寺庙，也没有统一、规范化的宗教仪礼。

满族萨满教的信仰产生和演变分为以下几个阶段：

首先是自然崇拜，在远古的蛮荒时代，由于满族先世生息繁衍在寒冷的北方，对温暖的追求尤为强烈，火的使用和保存是他们生存的前提，也是他们掌握了一定适应大自然的能力。他们认为火能够烧毁人间的秽气，只有圣洁的火才能够去妖邪，消病灾。因此他们对火产生了崇拜。满族先世对火的崇拜和敬仰，是因为他们对大自然的一切现象不能正确认识和科学解释，却认为是一种超自然的力量——神灵在支配着一切，这些自然现象都是一种神灵。因而他们对这些自然现象产生了敬仰和恐惧，随之便产生了自然崇拜。满族先世不仅对火崇拜，认为宇宙是由“天神”主宰，四季更替是“天神”的安排，日月星辰、风雨雷电等等都有自己的神灵，因此对这些自然界的现象也极其崇拜。说“万物有神”对满族先世的生活空间来说绝不夸张。

其次是图腾崇拜，图腾崇拜是随着氏族制度的发展而形成，在自然崇拜的基础上发展的。远古时候，人类还不知道自己的起源，只是认为自己和某种植物或者是动物有一定的渊源，就把这种植物或者动物当做自己氏族的标志或者祖先加以崇拜。可分为植物崇拜和动物崇拜。

满族的先祖将某些植物奉为神祇，对柳树的崇拜在其民俗中占有显要的地位。据史料记载，满族自古就有祭柳、敬柳的习俗。《钦定满洲祭神祭天典礼·奏折》：“树柳枝求福之神称为佛立佛多鄂锡谟妈妈，知为保婴而祀。”佛立佛多鄂锡谟妈妈即是佛多妈妈的全称。“佛多”（又有佛特、佛朵、佛托、佛立等等满语发音），汉译为柳、柳枝。佛多妈妈，有的满族群众直呼为柳枝妈妈、柳枝娘娘。“佛多”与满语“佛佛”相近。“佛佛”是女性性器官。柳叶又酷似女性生殖器。所以柳尤其是柳叶成了女性生

永陵显祖宝顶

殖器的象征，受到人们的崇拜。这是母系氏族社会崇拜的遗存。

对动物的崇拜有一个传说，最初的萨满是一只大鹰，受神的指使派遣下凡和萨满先人结婚又生一子，即为最初的萨满。雅库布里亚特人也传说萨满是神鹰的后代。在鄂温克、鄂伦春、赫哲和达斡尔萨满“神帽”上有一只铜制的鹰，满族认为乌鸦曾救过自己祖宗的性命，在以往萨满教祭天祭祖的仪式上，于传统的神杆（索罗）顶端，挂有让乌鸦啄食的猪肉和内脏。这就象征着满族先人不仅对植物存在着图腾崇拜，而且对动物也有着图腾崇拜。

另外，从一些禁忌习俗中我们也可以找到些与动物崇拜有关的蛛丝马迹。如不食狗肉、不衣狗皮，葬狗、敬喜鹊为神。原来在民间有“狗救驾”和“鹊救驾”的故事。传说，满族的祖先努尔哈赤有一次被明朝总兵李成梁追赶，眼看追兵将近，努尔哈赤急忙躲藏在一片芦苇里，追兵难以寻找，就纵火烧芦苇，顿时，大火蔓延芦苇，追兵以为努尔哈赤被活活烧死，其实努尔哈赤只是被烟熏倒了，当火势就要蔓延到他身上时，有一只黄狗跑到水里，沾一身水，在努尔哈赤身边打滚，扑灭了他周围的火，但黄狗却累死在他身旁。后来，当明兵前来搜索时，一群喜鹊铺天盖地落在努尔哈赤的身上，明兵以为喜鹊在叼啄尸体，努尔哈赤必死无疑了，于是撤兵回朝。等努尔哈赤醒来时，发现身上落着喜鹊，身边躺着一条黄狗，这才明白是黄狗和喜鹊救了他。

“狗救驾”和“鹊救驾”的故事不一定真实，但对过去以狩猎为生的满族人来说，狗是左右臂，是猎取生活资料的主要生产工具。满

索罗神杆

锅台

族人出猎时以狗为向导，跟踪追捕野兽。好的猎犬，不但能寻踪报讯，还能直接捕获野味，所以满族人对狗十分偏爱，有的地方在满族姑娘出嫁时，还有把狗作为陪嫁的习俗。所以，我们到满族家里做客时，不要戴狗皮帽子，不要穿狗皮大衣，以免引起他们的不高兴。

喜鹊是许多民族都喜爱的鸟类。常言说，喜鹊叫，喜来到。所以满族人对喜鹊也十分喜爱，并把喜鹊视为神鸟，从不伤害，并在自己庭院竖立长杆，备以食物，供喜鹊食用。

第三是祖先崇拜，指人们对自己先人——家长、族长、部落长等所有的一种宗教式的崇拜感情。以祖先亡灵为崇拜对象的宗教形式。在母系氏族社会向父系氏族社会的发展过程中，由图腾崇拜过渡而来。即在亲缘意识中萌生、衍化出对本族始祖先人的敬拜思想。最初始于原始人对同族死者的某种追思和怀念。氏族

石像生

社会的演进确立了父权制，原始家庭制度趋于明朗、稳定和完善，人们逐渐有了父亲家长或氏族中前辈长者的灵魂可以庇佑本族成员、赐福儿孙后代的观念，并开始祭拜、祈求其祖宗亡灵的宗教活动，从此才形成严格意义上的祖先崇拜。其崇拜行为的特点，首先是将本族的祖先神化并对之祭拜，具有本族认同性和异族排斥性；其次是相信其祖先神灵具有神奇超凡的威力，会庇佑后代族人并与之沟通互感；最后超越了原始图腾崇拜和生殖崇拜的认识局限，不再用动植物等图腾象征或生殖象征来作为其氏族部落的标志，而以其氏族祖先的名字取代，由此使古代宗教从自然崇拜上升为人文崇拜。

▲

清代祭陵仪式

满族自古以来都有尊敬祖宗的传统，满族的先世在母系氏族社会晚期，世系观念的加强、灵魂观念的笃信，对祖先及其世绩的追思、赞颂渐渐占有了重要的位置，并被推崇尊敬为神。她们多数为氏族、部落的首领、酋长，生前为氏族、部落做过好事或者立过功。满族的祖先崇拜在满族萨满教神谕、古神话和民间传

▲

清宁宫内景

说中都大量传颂和怀念。比如：始母阿布卡赫赫的传说，佛多妈妈的祭祀，族源族史的追寻，方位观念中的敬北（意为满族发源于东北大地的北方，将北方视为故乡），在西墙上供奉祖先匣（内设牌位、存藏家谱），以及龙虎年续家谱等等。这都是祖先崇拜的象征和表现。

服饰仪式

萨满服饰　萨满在神事活动中，常常在身上披挂一些与萨满教观念密切相关的衣裙、饰物等，它们统称为萨满服饰。满族萨满服饰较北方其他信仰萨满教民族之萨满服饰演化较大，有自身特点，自成一系。

萨满服饰中任何一个物件，绝非偶尔拾之，更不能随意处置，它们是同萨满教观念融为一体的，或者说，它们是萨满教观念的象征物。萨满服饰的这一性质，使得它一方面是萨满教观念的内在反映，另一方面，还必须同祭祀场合的特定情境，例如祭祀规程、崇拜物类、神谕等结而为一，共同实现同一宗教目的。我们常常见到几十斤乃至百多斤重的萨满服装，其上镶嵌各类兽禽图案，或它们的骨羽，这些正是萨满教灵魂观的显现。依靠这些神灵相助，萨满才能翔天入地，到主体以外的宇宙任何地方，进而实现宗教目的。例如顺星时，要使自己能够到达想要祈拜的那个神的居处，就要类于善飞的灵禽，这时萨满帽上饰飞鸟，服饰的肩部有鸟饰，身上披鸟羽，象征鸟翅膀，这时的萨满便化形为鸟。在人们观念中，只有自己是某个自然生物，才能具有它的本领，并依这种本领去实现预想之目的。非此，便不能。因此萨满扮相成为必行之事，这个扮相，就是萨满服饰。

萨满神衣

满族现今的萨满服饰已经大大简化了，但仍然五花八门，各姓不一，变化各异。总体观之，约为两大基本类型：

1. 野神祭服。野神祭即保持部落祭俗，满族的石、杨、郎等姓亦如此，其萨满服饰因之较为古朴。基本是上身衣满族对襟汗衫，下身衣裙，上身多为白色，下衣裙色调不一，多以颜色艳丽绸缎为之，其上镶嵌图案，周边精绣彩花，比日常衣饰做工精细，雕琢细致。人们还主要在裙子下摆上下工夫，绣缀海水、云朵等纹饰。

2. 家神祭服。家神祭即依清廷颁行的满洲祭典而行的祭礼，这种简化、规范了的祭祀中，萨满服饰也与它相应，上身白汗衫，下身天蓝色或黄色等布裙，裙加绣边、系带，非常简单。若依满族现今萨满服饰推断先古此物，便犯下一个大错，在满族传

萨满祭祀神偶

世的许多文化遗产中，都证明先时的萨满服饰要古朴、丰富得多。如在《两世罕王传》《乌布西奔妈妈》等传世长篇口碑中，萨满的上身白光耀眼，它是由羽毛编成的羽服，或用东珠串编的光服，它们代表着光明，飞翔遨游全靠太阳光芒，天光一色。萨满灵魂飞天，在向各神求拜的漫漫行途中，绝非一片坦途，它要和很多恶魔、和一些对立的神灵进行战斗，比如它要时刻提防本领高于它的穹宇外神的袭击。由于它身上雪亮的白光成为保护色，常使对立者无可奈何。阿布卡赫赫身披白光，恶魔耶鲁里被光羽迷惑，终不识追逐对象在何方。在后世的一些萨满舞蹈中，这种装束仍有遗迹。老萨满狂舞古代狩猎、出征打仗、踏歌的情景，袒胸露背，身挂鹰钥，兽皮裹身，连跳带唱，如醉如痴。

通观满族的文化遗产，满族先民萨满服饰的几种类型：

1. 羽饰。萨满的白上衣正是白色羽毛服饰的演化，萨满的裙服图案上的鸟形寓意仍很鲜明，有些萨满神裙甚至还粘有小羽毛。

2. 革饰。鱼皮、兽皮，如刺猬皮、鹿皮、狍子皮、虎皮等，因某偶然之事，显其有灵验，都可成为萨满身上的服饰。鱼皮常常不拔鱼鳞，主要用来围肚子、胸，在太阳光照下，鱼鳞熠熠耀目。

3. 植物饰。树皮也可以编制萨满服饰，特别是桦树皮色白，层多，每一层象征一层天，桦树皮被视为最高的白云山。人们将桦树皮剪成各种动物形状，连缀一起，成为萨满服饰。藤草、毛草、羊草，也被编织，或饰于乳上、阴部或编成裙饰。

萨满神案

4. 裸身。满族先民古代在一些水祭、海祭、天祭中，萨满常用树叶、草、皮等物将阴部遮上，其余均光身露体，进行某种虔诚的返古祭祀。

萨满服饰或称萨满扮相是直接为祭祀服务的，绝非简单的或日常的装束，它以象征萨满教观念为原则，实用功能为主，审美意义蕴含其中。比如许多裙子上饰有云纹，它代表云涛、波浪，萨满脚踏彩云，在云浪中化形翔飞。

满族萨满服饰有一个由简到繁、由繁返简的历史过程。由佩饰亦服饰到服饰附以佩饰，即由原始古朴、粗犷向文饰化、规范化过渡。后来由于受现代一神教的影响，朴野的东西渐被淘汰。清代建立以后，封建统治者出于政治需要，许多野神被剔除，祭祀被规范化，萨满服饰由繁到简，并出现了大体一致的现象。个别姓氏甚至连简化的服饰已不复存在。

萨满仪式 在中国东北诸民族萨满的跳神仪式中，尽管不同民族的萨满有不同的程式，甚至不同的氏族之间亦不尽相同，但基本程序是完全相同的：请神——向神灵献祭；降神——用鼓语呼唤神灵的到来；领神——神灵附体后萨满代神立言；送神——将神灵送走。这样，请神（献牲）、降神（脱魂）、领神（凭

祭神

灵)、送神便构成了阿尔泰语系诸族萨满仪式的基本架构。此外，阿尔泰语系诸族中的一些民族还有许多相同内容的祭祀仪式，譬如蒙古族、达斡尔族、鄂温克族都有祭敖包的萨满仪式；鄂温克族的“奥米那楞”，鄂伦春族的“奥米南”，达斡尔族的“斡米南”，都是同一性质的萨满集会活动。显然这是东北阿尔泰语系诸族长期互相影响与融合的结果，同时也反映了东北地域文化的某些共同特征。

萨满中的跳神一般在三种情况下进行：其一，为人治病；其二，教新萨满；其三，举行祭神仪式。

萨满为人治病的跳神仪式是这样的：萨满身穿神衣，头戴神帽，左手持鼓，右手拿槌，盘腿坐在西北角的专门位置上，病人坐在东南位置上。萨满在请神前，双眼半睁半闭，打几个哈欠后，开始击鼓，然后起身，边击鼓，边跳跃，边吟唱，音调极其深沉。萨满唱一句，“扎列”（二神）和参加跳神仪式的人们伴随着合唱。鼓声渐紧，萨满下巴哆嗦，牙齿咬得格格作响，双目紧闭，周身摇晃，表现出神灵附体时的痛苦情状。这时有人拿出一团烧红的火炭，放在萨满脚前，为神引路。萨满鼓声突停，浑身大抖，这是神已附体的表现。这时附体的是祖先神，借萨满之口询问：“你们请我来有什么事?”“扎列”及病人亲属代答：“因某人患病，惊动祖先来给看病。”这时萨满再击鼓吟唱，通过逐一恭请诸神，探寻病人冲犯哪位神。萨满提到一位神的名字，病人不由地颤抖起来，则认为是此神在作祟病人；有时作祟之神借萨满之口，自认是他所为，要求供祭某种牺牲，患者家属赶紧应允，答应病好后就还愿。如果认为危重病人的灵魂被恶神掠去，萨满要借助祖先神的力量，于想象中远征沙场，与恶鬼搏斗，把患者的灵魂夺回来，病人方能得救。萨满跳神时间长短不一，视病人症状轻重，短则半小时，长则1～2个晚上。有的萨满斗不过凶神恶煞，嘱咐另请其他萨满来跳神。

祭祀占卜

祭祀 满族及其先世，皆曾有信奉萨满教的风俗。萨满祭祀即是从奉各种神灵，崇拜自然神祇、动植物神祇和英雄祖先神祇。分为野神祭、家祭、汉八旗烧香祭等。在古代社会中，萨满教是原始宗教，先民们把祭祀作为社会和家庭生活中的大事。祭祀活动不仅祭祀对象众多，而且仪式繁杂，有鲜明的民族特征。

满族的祭祀活动，神秘庄重，从程序到内容都十分讲究。整个祭祀过程分为：祭祖、祭神、祭神杆、祭星四个部分。

在祭祀的前三天，全族人就要着手准备了：要在院子的大门当中悬上一把谷草，这就是表示从挂草把的日子起，一直到祭祀完毕，不许头戴狗皮帽子和身穿孝服以及身体不洁的女人入门，而且此时也不许周济乞丐。此外还要准备一些祭祀的食品，这里最主要的有：黄米饭和几头猪。祭祀的日子一到，主祭人将暂存于外边的祖宗板请到家中，放在西炕南头的桌子上，然后再将屋里常设的祖宗板取下来放在下边。

祭祖，一般安排在白天。主祭人先将供桌及祖位架摆放好，然后将祖先请出，再把一头祭祀用的纯黑猪，抬到屋内南炕沿下。一切准备完毕后，主祭人诵读祭文，此时，所有参加祭祀的人都要按辈分依次跪听。读完祭文后，叩首起身，然后众人把猪抬到供桌前杀祭。杀祭时要将猪毛煺净，并将大小蹄角和猪胆放在供桌的右边，然后再将猪抬到供桌上，猪头向外，脚要向右。

祭神，有白日祭和夜晚祭两种。白日祭一般在祭祖之后。其

挂笺

程序是：将祭祖时所杀的猪分解成12件，连同内脏一起到锅里煮，锅里不放任何调料。锅里所煮的肉，在上供之前都不许吃。供品摆设整齐后，先请主祭人在前跪读祭文，参加祭祀的人仍要按辈分依次跪听，然后主祭人率众人行叩首礼。夜晚祭神，一般分为两步。首先要从祖宗匣子中按先后次序请出七位祖先，放在祖架上，再请出两位摆设在祖匣盖上，每位设净水一盅，黄米一碟，将香碗、祭台放在桌上，然后燃起香和白蜡。之后，主祭人束腰铃、扎裙子，带领众人击鼓祈祷。然后在神位前杀猪祭祀。其次，在杀猪祭祀后，主祭人还要率众人进行背灯祭。此时要将门窗遮闭，不准人出入院内，如有外人来也不许进屋。主祭人将灯吹灭，手持铜铃，舞动腰铃，口中念念有词，祭毕，重新点

供桌

灯，叩首，将祖神像放入祖宗匣子里，双手举起放到西墙祖宗板上，再将门窗打开，准许人出入。背灯祭所用的肉，要过三天以后，家人才能吃，但不能送给外人。

▲

祭神树

祭神树，是在日出时将祖先木像请到祭树前，面向东北。将一张干净的纸挂在树上，然后把祭猪抬到神树前，主祭人跪在祭猪的左方，众人跪在其后。在杀祭之前，先用酒或干净的水往猪耳朵里灌，猪感觉痛痒，就摇头摆耳，众人就认为这是神来享用了，如果猪没有什么反应，那么就是不祥之兆。杀祭之后，将猪分解成七部分，放到锅里煮，猪胆、下颌骨及下水等挂在树上。主祭人将肉供上，叩首之后，众人将肉分食，但要把各部分的骨头送到神树前。

祭索罗杆子，也称祭天，一般是在祭祖后的第二天举行。祭索罗杆子用的猪，必须是无伤、纯黑的公猪，杀之前先将猪绑起来，放在索罗杆子前面，烧香祷告，然后再杀。猪骨头不能乱扔，要在当天晚上埋在索罗杆子下面，还要将猪脖子里的一块骨头挂在索罗杆子上面，猪胆、猪肠、猪膀胱等物放在索罗杆子上面的斗里，让乌鸦、喜鹊来吃，如果三天之内能被吃掉，便认为是很吉利的。

祭星，是在月落以后进行的。祭星的日期，不论是在某月，都要安排在初三或初五两天进行。等月落之后，先在上屋北炕当中设一个方凳，点燃香蜡。祭星人身穿黄纱袍，手拿血盆、尖刀，在室外西侧，把祭猪杀掉，这时屋内要将灯熄灭。杀完祭猪后，祭星人咳嗽一声，屋内点灯开门，将猪抬进屋内煺毛、分解。然后再将猪抬到原来的地方，叩首祭星，这时屋内再次熄灭灯火。祭毕，将猪抬回屋内，但不能见灶火。据说，熄灯闭光能使人神之间的距离缩短，既可以“对天直语”，又能使神明直接察觉到祭祀人虔诚的心情。

▲

满族索罗杆

当然，满族不同社会团体之间有着不同的祭祀。1986年至1988年三年间，满学家赵展先生先后三次深入到全国各地的满族聚居区进行社会调查，在广泛收集大批口碑资料和史料的基础上，提出了有关“满族社会群体四划分法”的新理论，从而将全国各地的满族都概括其中。满族的祭祀按照四个社会群体也可以划分为四种：东北留守群体的祭祀；入关后屯垦旗人的祭祀；辽宁地区留守与驻防结合群体的祭祀；各地驻防群体的祭祀。尽管各个群体祭仪的基本程式大致相同，但在祭祀细节上也存在不同程度的差异性，正如乾隆朝《钦定满洲祭神祭天典礼》中所说：“满洲各姓祭祀皆随土俗微有差异。”留守群体在行祭祖仪式的同时，保留下萨满教的某些遗风古俗，形成二者并存的局面；屯垦群体则适应农业生产的需要，将土地神奉为他们的祭拜对象；留守与驻防相结合群体的祭祀过程中无察玛司祭，只是由主人颂诵一些满文或汉文吉词，祭祀仪式开始简化；驻防群体则在长期的军旅生活中添加了供银这一祭祀环节。这一切说明，满族的民间祭祀在统一祭祀大模式的前提下，又随人们生活的变化而变化，表现出满族民间祭祀稳定性和变更性相统一的文化特点。

占卜 满族占卜习俗的种类繁多，主要有相面、卜卦、看风水、测字以及由此演变的“小儿抓周”“合婚”“批八字”及与求神相结合的“扶乩”等。有枪卜、骨卜、筷卜等，还有古老的“蒿草卜”。兆按性质分为凶兆和吉兆两种，按来源形式分为动物兆、人体兆、梦兆、天象兆及事象兆等等。

动物兆 民间传承的动物兆，大多是不吉利的不祥之兆，即“凶兆”。像小鸡上房，预兆有水灾；蚂蚁搬家预兆暴雨即将来临；鱼潜入水底将刮大风下大雨；猫头鹰的叫声，预兆要死人等等。

人体兆 依据人的生理异常反应测定凶吉。心跳，预兆有祸事降临；脸热和打喷嚏，预兆有人念叨；耳鸣，预兆有小人背后说坏话；脚心长痦子，预兆有后福，如长红痦子，就能“脚踩天下”。相传，努尔哈赤脚心长了7个红痦子，后来当上了汗王。面部长痦子，部位不同，预兆不同，长在下颏上，则有君王之相，长在上唇或者鼻翼则为苦命相。

梦兆 以梦的幻想来预测凶吉。梦见大红棺材，预兆有财路；梦见发大水，预兆有洪福降临；梦见看大戏，则有祸事降临；梦见死人，说话了，则不吉，没说话，则吉利；梦见小男孩儿，预兆有“小人”；梦见小女孩儿，预兆有“贵人”；梦见掉牙，预兆亲友中有人死亡等等。

事象兆 根据事物的现象预测凶吉。吃饭时打碗，预兆将有客人来访；灯花落地或突然熄灭，预兆有祸事发生；走路时，迎面遇见送葬的走来，预兆吉利；乘车时，如遇到有人说车的颜色像棺材，则预兆大难临头；路途上问话，恰巧遇上个哑巴，预兆出门办事不顺当；长辈死亡，把嘴里的“含口钱”吞下了，预兆后代有哑巴；病人有病，突然生虱子，预兆死期将至等等。

天象兆 利用自然现象预测。天体出现的日月食，被认为是天狗吃了太阳和月亮，凶兆，主君国气衰和民有“灾患”等等，流星陨落看成与伟人逝世有关。

▲

满族剪纸

第六章
满族军事

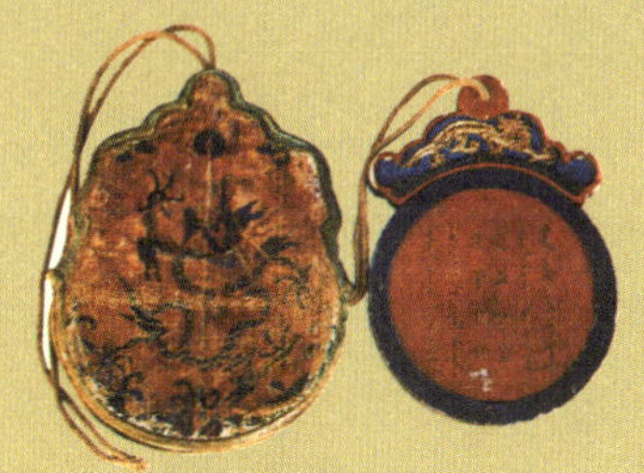

在中华民族军事史上，满族军事理应占有重要一席，其军事组织形式之严密，军队战斗力之强、军事战略之多样，战争成效之显著，不亚于其他任何一种军事组织形式。八旗制度正是满族军事中最核心的部分，八旗组织以旗统人、以旗统兵，驻防于全国各地要塞，曾参与大多数的清代著名战事，留下了无数经典战例也诞生了许多军事将领。

八旗制度

世界军事史上，满族军事远未得到相应的评价。其军事组织形式之严密、军队战斗力之强、军事战略之多样、战争成效之显著，均不亚于其他任何一种军事组织形式。八旗制度就是这一军事组织形式的最高体现。

八旗制度的建立

八旗制度是从牛录制演变发展而来的。努尔哈赤起兵以后，根据战争的需要和女真的习俗，把原来女真人打仗、狩猎时采用的临时性自由组合而成的武装组织形式，加以改组扩大，编成为正式的、长期的军民合一组织，创立了八旗制度。原来在女真人氏族制时期，就存在着作为生产和军事行动的组织形式——“牛录”。当时，在行军出猎时，参加的成员，各依所属的族或寨行进。每十人中以一人为首领，被称为“牛录额真”（牛录是“大箭”、额真是“主”的意思），所属九人听他的指挥。努尔哈赤把从战争中合并来的各部落的诸申、伊尔根，统一组织起来，规定每三百人编一牛录，每牛录置一牛录额真（汉译为佐领）。牛录额真之下置代子二人（即骁骑校）作为副手。每五牛录置“五牛录主”（即甲喇额真，汉译为参领）。每五个甲喇构成一个“固山”，即旗，旗主均由努尔哈赤的子侄担任。

“旗”原来只是标志这一新组织的队伍不同部分的旗帜。明

八旗旗帜

万历二十九年（1601）努尔哈赤建立黄、白、红、蓝四旗，称为正黄、正白、正红、正蓝，旗皆纯色。四十三年（1615），努尔哈赤为适应满族社会发展的需要，在原有牛录制的基础上，创建了八旗制度，即在原有的四旗之外，增编镶黄、镶白、镶红、镶蓝四旗（镶，俗写亦作厢）。旗帜除四正色旗外，黄、白、蓝均镶以红，红镶以白。把后金管辖下的所有人都编在旗内。其制规定：每300人为1牛录，设牛录额真1人；5牛录为1甲喇，设甲喇额真1人；5甲喇为1固山，设固山额真1人。此时所编设的八旗，即后来的满洲八旗。清太宗时，又建立蒙古八旗和汉军八旗，旗制与满洲八旗同。据史籍记载，当时编有满洲牛录308个，蒙古牛录76个，汉军牛录16个，共400个。八旗由皇帝、诸王、贝勒控制，旗制终清未改。

豫亲王多铎像

八旗组织中蒙古旗与汉军旗的建立比满洲旗稍晚。清太宗皇太极天聪三年（1629）时，已有蒙古二旗的记载，称为左右二营。八年改称左翼兵和右翼兵。九年，后金在征服察哈尔蒙古后，对众多的蒙古壮丁进行了一次大规模的编审，正式编为蒙古八旗，旗制与满洲八旗同。汉军单独编为一旗，据考证是在天聪五年正月（一说天聪七年）。皇太极崇德二年（1637）分汉军为二旗，旗色玄青，四年分二旗官兵为四旗，七年正式编为汉军八旗，旗色与满洲八旗同。从明万历四十三年八旗制度建立，直到清崇德七年才完成八旗组织三个部分二十四旗的组织建设，八旗每一旗下都包括满洲、蒙古、汉军三个部分。

八旗甲胄

正黄旗

正白旗

镶黄旗

镶白旗

正红旗

正蓝旗

镶红旗

镶蓝旗

上三旗与下五旗

八旗又有上三旗与下五旗的区别。清太宗皇太极即位以后，为强化自己的统治地位，在八旗增设管旗大臣，由大臣牵制八旗诸王，又陆续削夺阿敏、莽古尔泰两大旗主，直接统辖正黄旗、镶黄旗、正蓝旗，但其余各旗仍分别由和硕亲王执掌。顺治元年(1644)，世祖福临冲龄即位，叔父多尔衮以旗主身份摄政，实际秉执国家的最高统治权。他与阿济格、多铎是同母所生的兄弟，原领有实力雄厚的两白旗，1648年，多尔衮加豪格（皇太极长子）以“徇隐部将冒功”的莫须有罪名，将其瘐死狱中，乘机将正蓝旗夺为己有。多尔衮兄弟实领两白一蓝三旗，威权自专，形成对皇权的巨大压力。顺治七年（1650），多尔衮病死，世祖亲政，时年十四岁，倚恃堂叔济尔哈朗，对多尔衮一系展开反击。顺治八年（1651），迫令多尔衮亲兄阿济格自缢（此前多铎已病死），追论多尔衮悖逆之罪，下诏追削封爵，又兴起大狱，处死多尔衮一系亲近贵族重臣数十人。世祖通过这些努力，沉重打击宗室强藩，巩固了皇权。世祖在原先领有两黄旗的基础上，把原先隶属多尔衮的正白旗划归己有，成为新上三旗（原正蓝旗换出）。从此，正式形成上三旗与下五旗的体制。上三旗为“天子自将”，归皇帝自领，地位高贵，人多势众，构成八旗的核心；下五旗成为诸王、贝勒、贝子等宗室贵族的分封之地。上三旗与下五旗的分治，是八旗制度的一次重大变革，是以皇权为代表的专制主义中央集权进一步加强的明显标志。

仗马鞍

康熙元年（1662），圣祖玄烨即位以后，陆续分封诸兄弟子侄为下五旗王公，与原有本旗王公共同管辖每一旗人丁，于是一旗有王公数人，不再存在一个旗主专擅一旗的局面。康熙十八年（1679）确定王公府属官员名额，并规定王公府属佐领下人在各王公门上行走，至于各王公名义上领有的旗分佐领（下五旗佐领）则归各旗都统管理。都统“掌宣布教养、整诸戎兵，以治旗人”，直接承受皇帝令旨，各旗王公从此无权干预旗务。

上三旗、下五旗制度，造成了正身旗人社会地位事实上的差别。上三旗守卫皇城，挑取侍卫，皇帝外出时担任扈从，是皇帝最倚重的亲军。下五旗除守卫京城外，被大批派往全国各地驻防戍卫。圣祖冲龄即位时，以索尼（正黄旗）、苏克萨哈（正白旗）、遏必隆、鳌拜（镶黄旗）为四辅政大臣，均出身上三旗，说明上三旗人在参预政治方面也享有优势。

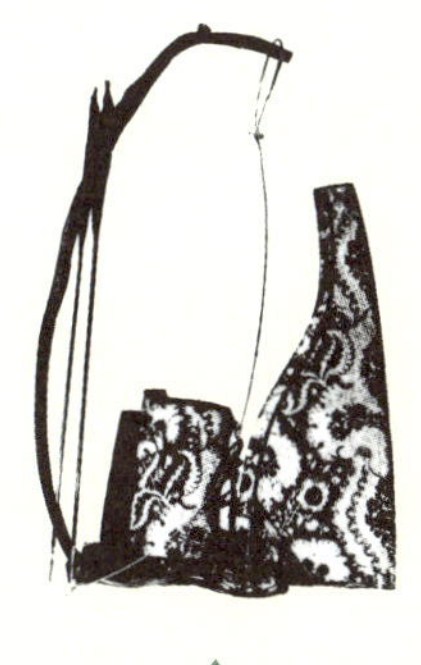

八旗武功的象征——弓箭

抬旗制度

为了破除上三旗与下五旗人的畛域隔阂，鼓励下五旗人为皇帝建功立业，特别建立了“抬旗”制度。“抬”意即由下往上升。由“满洲下五旗抬入上三旗者，谓之抬旗”。其本支子孙准一同抬旗，同胞兄弟仍隶原旗。皇太后、太后母家在下五旗的均准予抬旗。以后，抬旗方式多样化，上三旗的汉军可以抬入同一旗分的满洲旗。圣祖生母孝康皇后一家，佟佳氏，原隶镶黄旗汉军，后抬入镶黄旗满洲，后族抬旗自此始。另外，包衣旗人可以拨出内务府抬入满洲旗。不同形式的“抬旗”，成为清代满、蒙、汉军旗人间、上三旗人与下五旗人中、正身旗人与非正身旗人间成分流通的一种特殊途径。

职能和特点

各旗的固山额真和贝勒既是本旗的所有者，又是本旗的最高军事统帅。八旗制度“以旗统军，以旗统民”，平时耕田打猎，战时披甲上阵。八旗制度将旗人社会的军事、政治、经济、行政、司法和宗族联结成为一个组织严密、生气蓬勃的社会机体。八旗制度是努尔哈赤的一个创造，是清朝的一个核心社会制度，也是清朝定鼎燕京、入主中原、统一华夏、稳定政权的一个关键。八旗制度具有政治、军事和生产三方面的职能，成为满族社会的根本制度。

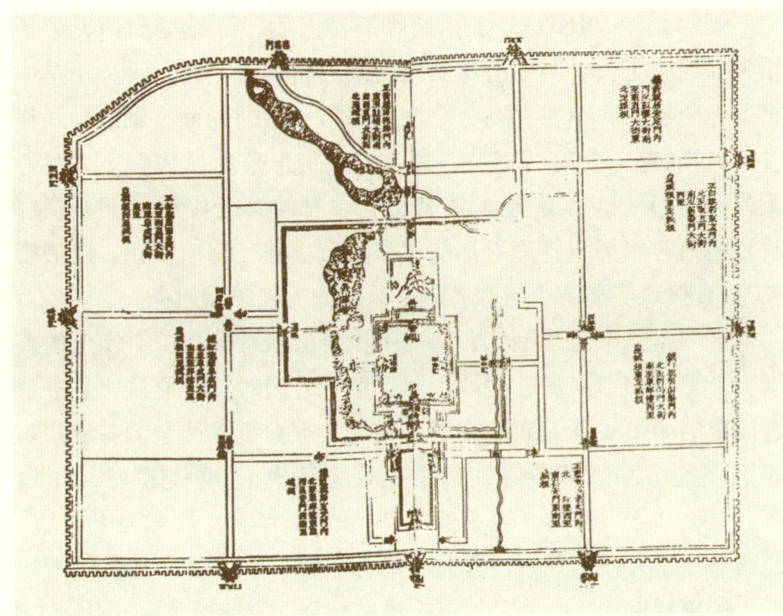

八旗方位全图

八旗制度是女真奴隶主阶级为加强对自由民的政治、经济控制，利用了氏族制时期的组织形式而建立起来的。八旗制度推动了初期满族社会的发展。在八旗的组织下，诸申、伊尔根兵农合一，“出则为兵，入则为民。耕战二事，未尝偏废”。战利品除贵族占有大部分外，所余部分“论功行赏”。1613年规定，每牛录三百人中出十男四牛，在空旷地上建仓积谷，作为粮饷。由此可见，八旗组织具有军事、行政和生产三方面的职能。

以旗统人，以旗统兵。凡隶于八旗者皆可以为兵。实际上，清代兵有常数，饷有定额，随着满族人口的不断增加，并非所有满族人都能披甲，而到后来披甲的人数占满族人口的比例愈来愈小。清太祖、太宗时期，八旗组织有较快的发展。入关前满洲八旗共309个佐领，又半分佐领18个；蒙古佐领117个，又半分佐领5个；汉军佐领157个，又半分佐领5个。八旗满、蒙、汉佐领共583个，又半分佐领28个。清统治全国之初，由于统一全国的战争需要，以及平定各地的反清斗争，满洲八旗发展迅速。康熙时满洲佐领达到669个，嘉庆时增加到681个。此后维持在这一水平上。蒙古佐领顺治时增加11个，康熙时又增加76个，雍正二年（1724）定制为204个。八旗制度建立时有蒙古人编在满洲八旗内，直到清末亦有蒙古佐领35个，又半分佐领2个，编在满洲八旗下。顺治十五年有汉军佐领206个，又半分佐领3个。康熙五十一年（1712）增至258个，又半分佐领1个。雍正十二年定制为270个。此后，因八旗生计愈来愈困难，一部分汉军出旗为民。乾隆五十五年（1790）汉军佐领减少到266个。此后终清不改。八旗官兵的额数，清末光绪、宣统时，实存职官约6 680人，兵丁12万人。

八旗初建时兵民合一，全民皆兵，凡满洲成员皆隶于满洲八旗之下。旗的组织具有军事、行政和生产等多方面职能。入关前，八旗兵丁平时从事生产劳动，战时荷戈从征，军械粮草自备。入关以后，为了巩固满族贵族的统治，加强对全国各族人民的控制，同时为了解除八旗官兵的后顾之忧，更好地为清王朝效命，建立了八旗常备兵制和兵饷制度，与绿营共同构成清朝统治全国的强有力的军事工具，八旗兵从而成了职业兵。八旗兵无论满洲、蒙古或汉军，均以营为单位，由都统及副都统率领，称作骁骑营，用于驻防或征战。并有炮营、枪营、护炮藤牌营，附属于汉军骁骑营。

康熙帝用过的弓和箭

八旗有一套完整的制度。如封爵，天命、天聪时期定王公爵止于贝勒，崇德元年始定亲王、郡王、贝勒、贝子、镇国公、辅国公、镇国将军、辅国将军、奉国将军九等。顺治十年（1653）增奉恩将军为十等。亦有异姓封王、公、侯、伯、子、男的，但汉人甚少。清代世职，太宗时与官名本多相同，顺治四年成为荣誉称号。乾隆元年定民爵精奇尼哈番为子爵，阿思哈尼哈番为男爵，阿达哈哈番为轻车都尉，拜他喇布勒哈番为骑都尉，拖沙喇哈番为云骑尉。八旗按引军旗色定户籍。壮丁原则上三年编审一次，分正户、另户、另记档案及旗下家人等。八旗兴办宗室觉罗学、官学等，课其子弟。八旗宗室王公及官兵的婚丧等均有规定。清初定满汉不通婚，直到光绪二十七年（1901）才取消禁令，实际上民间早已通婚。

内三旗

清朝还有内三旗的建置，专属皇帝，为皇室服务。它与八旗（外八旗）是两个独立的组织体系。有别于八旗佐领（又称旗分佐领）统属于各旗都统，内三旗初隶领侍卫内大臣，康熙十三年（1674）改归内务府，从此终清之世不改。内务府三旗的形成，是满族皇帝独掌三旗，并在八旗中确立起经济、军事、政治绝对优势的产物，同时，又保留着满族早期奴隶制的明显残余。内三旗与八旗并行不悖的存在，构成清代满族社会组织的又一大特色。

八旗制度的兴亡

禁卫军制

清朝定都北京以后，绝大部分八旗兵丁屯驻在北京附近，戍卫京师的八旗则按其方位驻守，称驻京八旗，俗称京旗。另抽出一部分旗兵派驻全国各重要城市和军事要地，称驻防八旗。驻京八旗负责皇宫和京师的安全，实即禁军。清禁卫军制大类有二，即郎卫和兵卫。郎卫即指御前近卫，专门负责皇帝及后妃等的警卫与服务，其内部又根据具体任务的不同，设置侍卫处、銮仪卫、善扑营等不同的机构。侍卫处初选上三旗子弟中才武出众者分班入值，掌上三旗侍卫亲军之政令，供宿卫扈从之需。銮仪卫亦系侍从武职，掌管帝、后车驾仪仗等机构。宣统元年（1909）避溥仪名讳，改为銮舆卫。善扑营，顺治初年曾设善射鹄、善强弓、善扑等侍卫，各有专管，统在三旗额内。康熙八年为惩治鳌拜专横乱政，选侍卫中一部分年少有力者练习扑击之戏，鳌拜入见时，即令侍卫等掊而絷之，于是有善扑营之设。该营专习掼交、射箭、赛马等技艺，供皇帝游玩宴乐时表演。兵卫即指京师及宫禁的警卫，也根据不同的任务及防卫的需要，分设前锋、护军、步兵等不同的营制。

连体衣帽箱

八旗驻防

入关以前，已有八旗驻防之设。清统治全国以后，分为畿辅驻防、东三省驻防和各直省驻防。畿辅驻防为守卫京师附近地区，包括保定、张家口、热河、察哈尔及木兰围场等地。各省驻防多为省会或重镇。八旗驻地及兵额，视各代而有增减、裁并，但变化不是太大。清末全国驻防共有817个佐领。

八旗在全国各地驻防，一般不设都统。在重要地区如盛京、吉林、黑龙江、江宁、杭州、福州、广州、荆州、西安、成都、绥远等处设将军。凡设将军处下设副都统。将军为该地区的最高军事长官，但不理民政。后热河、察哈尔由副都统升为都统后，

八旗将帅

即为该地区长官。

八旗的旗务管理

无论满洲、蒙古或汉军，均由固山额真管理。顺治十七年，固山额真一律改称都统。各旗均设都统一人，副都统二人。雍正元年，设八旗都统衙门，由上述各旗都统二十四人及副都统四十八人组成，掌满洲、蒙古、汉军八旗之政令，稽其户口，经其教养，序其官爵，简其军赋。凡八旗之方位，京师及各地之驻防，陵寝守卫，壮丁编审，选子弟充执事，选送秀女，以授地之法定八旗世业，奴仆管理，田租定额，房产购置，红白赏恤，选送俊秀入官学出具考试名册，会选旗营官员，功过劝惩，世职袭废，稽户丁，定兵额，选马甲等等，无不统一管理。

清太宗
腰刀

八旗的兴衰

八旗制度建立在“兵民合一”的基础上，入关前没有兵饷规定。天聪四年皇太极说：“我国出则为兵，入则为民，耕战二事，未尝偏废。”当时，兴京（今辽宁新宾）内城居宗室勋戚，外城居宿卫亲兵万余。此外远近十余万户，散处辽河东西，无事耕猎，有事征调，征调时所发行粮也很有限。清统治全国以后，八旗兵饷的主要形式是坐粮，包括钱、粮两部分，从征时发给部分行粮。八旗兵丁按其兵种可分为亲军、前锋、护军、领催、马甲、步兵、炮甲、养育兵、匠役等，其兵饷的数量亦有所差别，且时有增损。

清军入关，满族人口大量涌入北京及其附近地区，为了安置八旗官兵和闲散人口的生活，从顺治元年底至康熙四年，清政府共进行了三次大规模的圈地，八旗满洲、蒙古、汉军官兵三次共分得旗地二百三十三万五千四百七十七垧零九亩。八旗兵丁的份地为五垧（一垧约六亩），终清没有大的变化。兵丁份地大多数靠本人带同家属从事耕种，后迫于生计被典押出去。清初规定旗民不交产，几经反复，直到光绪三十一年才最后取消禁令。

清统治全国以后，由于八旗制度的严重束缚，八旗兵丁生计日渐拮据。八旗生计问题主要是北京正身旗人的生活问题。康熙、雍正时业已出现，乾隆初更趋严重，从而引起清统治集团的严重关注。康熙、雍正时曾先后赏赐银两数次，但不久即罄尽无余，于是增加兵额，扩大食饷面。雍正二年始设教养兵，后改称养育兵，给予钱米。清末达20余万人。乾隆时曾准许京城和各省驻防汉军八旗出旗为民，令其各得生计。但直至清末，八旗生计问题非但没有解决，反而陷于贫困的境地。

八旗制度从正式建立到1911年辛亥革命后清朝覆灭，共存在296年。它是清王朝统治全国的重要军事支柱，曾在中国历史上起过积极和进步的作用，为发展和巩固多民族统一的国家、为保卫边疆防止外来侵略等都作出了重要贡献，对满族社会的发展，更起到不可磨灭的作用。随着历史的嬗变，八旗制度中落后的一面也日益明显，严重地束缚了满族人民的发展，在征战中的作用也愈来愈小。八旗制度与清王朝的命运紧密地联系在一起，经过了由盛而衰、由衰而亡的整个历史过程。

八旗军事思想

满族在明朝时，经济类型属于以渔猎经济为主，农耕经济和部分游牧经济为辅的混合经济类型的少数民族。女真英雄努尔哈赤统一女真部落之后，很快走上封建化道路，建立了八旗制度，并进而在顺治时统一了全国。在残酷的统一斗争中，满族也出现了不少军事家，形成了具有特色的民族军事思想。

战争观方面，由“以利为战”转变为“以政为战”。后者的核心是“以国为战”。满族战争观的转变经历了两个历史过程：满族在皇太极执政后期以前，其战争观主张“以利为战”。满族的统治者为了自己的利益，尤其是为了满足其经济利益，不惜兴兵动武。有的后金将领曾露骨地说：“我国地窄人稀，贡赋极少，全赖兵马出去，抢些财物。”就是说，后金时期抢掠已成为

信牌

努尔哈赤御用剑

维持政权运行的重要手段。自皇太极执政后，满族战争观有了根本转变，这缘于满族生产方式的转变。自从渔猎经济发展到农耕经济以后，满族统治者已有了攻取天下之心，也不再满足于劫掠式的争夺财富。满族在中原建立政权后，更加注重“以政为战”的战争观念，如康熙的军事思想就深受儒家思想的影响，坚持“慎战”和“以战求和”的基本方针。在他看来，“治天下之道，在政事之得失”，先进的武器不是决定战争胜负的主要因素。康熙以后，雍正、乾隆关于战争观的论述仍是坚持“以政为战”，且将其进一步深化。

在建军思想方面，满族统治者主张“文武双修”，提倡尚武精神的同时，也非常注重提高民族文化素质，要求满族统治者的后代做到文武双全。加强军队建设，完善兵制。清朝实行八旗兵制，按民族分编，有满洲八旗、汉军八旗、蒙古八旗。早期的建军思想，主张兵民合一，对军队实行严格的教诫。在创建八旗之后，努尔哈赤十分注重对军队的训练，制定和执行严格的纪律，使八旗军民不但勇猛善战，而且纪律严明。在军队将领选拔和用人上，努尔哈赤非常重视选择将领，保证了八旗军是一只勇于战斗的军队，这是他正确的建军和治军思想所得到的成果。此外，清朝还充分利用汉军，清朝建有一支由汉人组成的绿营兵。在极盛时期，兵力达六十多万，从平定三藩到鸦片战争，一直是清军人数最多的部队，对清朝统一全国和巩固其统治发挥过巨大的作用。满族统治者还主张军队的职业化，建立兵权归一、高度集权的建军思路，建立多兵种多军种的合成军队、注重军事训练与军事理论学习的治军思想等，都使满族统治得到相当程度的稳固。

在军事战略思想方面，运用谋略，循序渐进，实行军事打击与瓦解敌军相结合的政策，如1618年后金包围抚顺城，对明守将李永芳进行劝降，许以高官厚禄，李永芳献城投降，后金顺利夺取抚顺城。其次，优待和安置俘虏，也是清统一全国的战争中常用的策略，也取得一定的成效。实行和亲、联姻等政治战略，建立与蒙古等的战略同盟关系，最大限度地扩充了自己的同盟。此外还注重心理因素在战争中的作用，利用对方君臣之间的猜忌之心进行间谍活动，如袁崇焕被崇祯帝除掉就是皇太极施用“反间计”的“杰作”。

满族的军事思想有效地配合了其强大的军事力量，涌现出一大批杰出的满族军事家，在中华民族军事思想发展史上也留下了精彩的一笔。

▲

《费扬古墓碑》拓片

经典战例

萨尔浒战役

萨尔浒大战是清初第一个以少胜多的典型优秀战例，其精彩不仅仅在于战役本身，而在于军事谋略。努尔哈赤继承了中国传统的兵家谋略思想，并结合军事实践，创建了自己的用兵军事原则，形成了鲜明的民族特点，是对自孙武以来中国古代军事战争艺术的总结。在萨尔浒大战中他的这些军事思想得到了充分体现，从而奠定了清初满族兵家谋略的重要基础，其子皇太极和多尔衮在此基础上进行了进一步发展，构成清初满族兵家谋略的重要内容。一是集中兵力，造成局部优势。面对明军的进攻，努尔哈赤在战役指导上采取了“凭尔几路来，我只一路去”的方针，将自己的主要精锐部队集中在萨尔浒一带集中迎击从沈阳方向奔来的明军主力。在歼灭明军主力以后，利用满洲骑兵速度快的优势，往返纵横，逐个击败其他各路明军。二是崇尚智谋，诡道制胜。这一谋略在萨尔浒大战中也同样得到充分运用。例如，歼灭东路军刘綎，努尔哈赤为了让刘綎军能够进入他设计的埋伏圈内，将被消灭的西路军主帅杜松的号矢送给刘綎，谎称是杜松约

大战萨尔浒

他进军赫图阿拉。然后按照刘綎和杜松的约定发炮传递信息，使刘綎误以为杜松大军已到，惧怕其抢占头功，急命火速进军，中入埋伏。这时后金军又用杜松军阵亡衣甲、旗帜自称前来督战，骗取刘綎打开营门，里应外合将刘綎军全部消灭。三是“知己知彼，百战不殆”。这是中国古代重要的军事原则。努尔哈赤在毕生军事生涯中始终如一地贯彻实行，从而奠定了清初满族兵家谋略的重要内容。努尔哈赤对这一军事原则的应用最主要的体现在运用间谍方面，以此方法来刺探敌方的军事部署和军事装备等情况，有利于进行自己方面的进攻与防御。

皇太极突袭京师

宁远之战，后金暂时受到挫折，努尔哈赤逝世后，皇太极积极整饬朝政，休养生息以后，重新转入了对明朝的战略进攻，他采取了避实就虚的战略，并实施了整个明清辽东战争最经典的一笔，打通蓟镇——通州——北京的交通线，迂回宁锦防御体系，直取京师，迫使明朝京师震动。皇太极又实施反间计，使崇祯皇帝杀掉对后金威胁最大的袁崇焕。克星已死，皇太极再度进攻关宁锦防线，这回，汉儒范文程进策屯兵前线，稳扎稳打，皇太极接受了这条计策，在离锦州不远的地方屯兵开荒，解决长期作战的前方部队的粮草问题，同时，对锦州城，他不再猛攻猛打，转而围而不打，锦州守军无法突围，天长日久，粮草断绝，只有杀马充饥，马杀完了杀人。锦州危急的战报报向朝廷，崇祯启用刚刚击败李自成农民起义军的洪承畴为督师，率大军急援锦州，皇太极切断了明军的粮道，明军不战自乱，洪承畴下令撤回宁远，不料几个总兵争先恐后地往回跑，造成阵形大乱，八旗军趁机杀入，明朝军队几乎全军覆没，仅有两个总兵和几十个人逃回宁远。洪承畴为清兵俘虏，皇太极以礼待之，亲自劝降，将其纳入帐下。清军入关后，洪承畴为平定中国南明余部做出了突出贡献。这些为日后明朝灭亡，清军入关并统一全国奠定了坚实的基础。

知识链接 **庄妃劝畴** 相传，在清军俘虏督洪承畴后，将他囚禁在太庙配殿（当时此地为三官庙）之中。清太宗皇太极雄才大略有一统华夏之雄心，故欲重用洪承畴以实现其壮志。然而洪承畴绝食累日，不肯降清。皇太极派出了范文程，洪承畴大骂不止，但范不提招降之事，只是与他谈天说话。谈论间，梁上的一块燕泥掉落在洪的衣服上，洪承畴一面说话，一面将其轻轻擦去。范文程据此回奏皇太极："洪承畴不想死。他对自己的衣服尚且那样爱惜，何况性命呢？"皇太极于是接受范文程的建议，对洪承畴倍加恩遇。

庄妃像

有天傍晚，一位青衣绾发面容清纯的侍婢，密携人参汤款款走到洪承畴的榻边。此时，"洪闭目，面壁泣"，一语未发，不理睬来人。侍婢轻启朱唇说道："将军受苦了，即使绝食难道不可喝口水再殉国吗？"话音委婉亲昵。同时以壶承其唇，几天水米未进的洪承畴喝了一口顿觉浑身舒畅无比。侍婢见状又如此再劝，洪承畴竟连饮不辍。此后，侍婢又多方劝慰，晓以利害，并不断送进美馔。天长日久，洪承畴渐渐回心转意。这时，皇太极又亲临太庙看望，问寒问暖，并脱下自己穿的貂裘披在洪承畴的身上。感动的洪承畴涕泪横流，终于感叹道："真乃天命之主也！"后来，洪承畴才知那天夜里把壶劝饮的侍婢，不是别人，正是当今圣上皇太极的最小爱妃——庄妃，随即剃发易服归降大清，被皇太极委任要职。

山海关大战

这是1644年清朝定鼎中原最关键的一战，交战双方是清军与李自成农民军。当时李自成大顺军于三月十九日攻取京师，明朝已亡。多尔衮采纳明降将洪承畴建议，决意率兵经密云、蓟州一带南下，直趋北京。当时驻守山海关的明将吴三桂初拟归降大顺军，但据说其父被拷打，其爱妾被夺，遂打起为崇祯帝报仇的旗号，与李自成为敌。李自成遂率军攻打山海关。双方激战一日，各有损伤。而驻于山海关附近的多尔衮已知大顺军虚实，遂采用以逸待劳、后发制人的慎战之策，欲待大顺军与吴三桂部连战疲惫时，突出奇兵，一举取胜。廿二日晨，吴三桂见李自成攻势渐猛，情势危急，遂向多尔衮剃发称臣，请其入关进击大顺军。多尔衮遂率劲旅8万，分别从南水门、北水门、关中门进入关内，令吴三桂部系以白布为号任前锋。大顺军因攻坚一昼夜未能夺关，乃改取野战，自角山至渤海投入全部兵力，布一字长蛇阵，成决战架势。多尔衮以吴三桂部为右翼迎战，重兵则鳞次列阵于大顺军阵尾薄弱处，待机出击。大顺军不明清军意图，仍按原计划向吴三桂军紧逼，吴三桂因有清军压阵，顽强抵御。时狂风扬沙，咫尺不见，双方展开肉搏，血战至中午，双方均已疲惫，损失甚众。多尔衮见势，急令阿济格、多铎各率2万精骑，乘风势、挥白旗，对阵直冲大顺军。疲惫的大顺军见清军骤至，猝不及防，阵脚渐乱，伤亡惨重，刘宗敏中箭伤。战至午后，李自成见无法挽回颓势，急令余部且战且向永平方向撤退，率余部

吴三桂

于廿六日退回北京，旋又弃京西撤。此战，李自成大顺军对清军入关助战毫无准备，同时缺乏对清军骑兵作战的经验，终为清军所乘，精锐遭受重创，未能再起。清军乘势占领北京。

统一台湾

自1661年郑成功驱荷复台、率军队移守台湾后，郑清双方隔海对峙长达二十多年。清政府为了消灭郑氏集团，在康熙皇帝领导下，使用了各种战略手段，最终于1683年统一了台湾。为了争取台湾民心，从1662年到1683年，清政府对郑氏集团发动了5次高层政治和谈的攻势，企图感召郑氏决策层率众投诚，并对郑氏大小官员和民众展开了大规模的招降活动。康熙亲自颁布《赦罪诏书》，指出，郑氏政权首脑若能“悔过投诚，倾心向化，率所属伪官军民等悉行登岸”，不但以往罪过全部赦免，且将得到朝廷的优待。这一系列的措施，对消除台湾军民的“恐施”“恐清”心理起了很大作用。郑经、陈永华死后，郑氏集团内乱，文武解体、军民共怨、众皆离心。清廷抓住这一平定台湾的良机，出兵进攻台湾。同时，在清廷内部方面，康熙平时遇事注意与群

《台湾风俗图》册页之一

《台湾风俗图》册页之二

大将军炮

臣沟通，倾听他们的见解，集思广益，最终挑选了谙熟海战的施琅为水师统帅，并授予专征权，福建督抚则只负责筹办粮饷和招抚工作，使督抚、提督分工明确，充分施展各自的才能，有效地解决了内部矛盾。从总的进程来看，清廷较好地利用了内外各种矛盾和资源因素，把握了统一步伐。这些战略战术对于今天同样有借鉴意义。

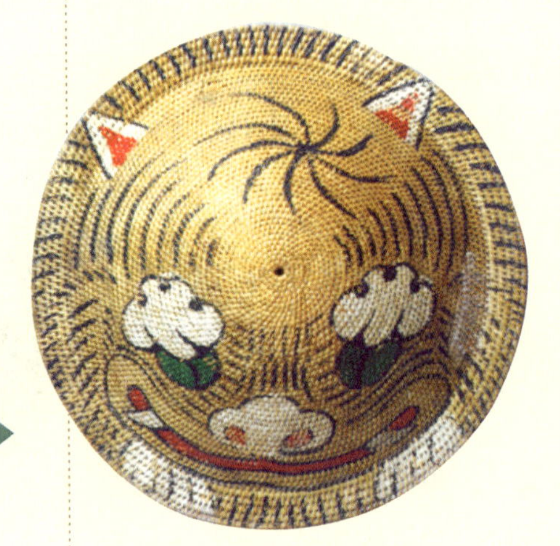

藤牌

知识链接 **施琅**（1621—1696），字尊侯，号琢公，清初著名将领。早年施琅是郑芝龙的部将，不久又加入郑成功的抗清义旅，成为郑成功的得力助手、明郑军的重要将领，积极参与海上起兵反清。施琅后因与郑战略“舍水就陆，以剽掠筹集军饷”的做法提出反对意见，被削兵权，后来施琅一位亲兵曾德犯了死罪而逃匿于郑成功处，并被提拔为亲随。施琅抓回曾德，准备治罪。郑闻讯急派人传达命令，施琅不得杀曾德。施琅曰：“法令，琅是不敢违背的，犯法的人怎能逃脱责任？”接着他下令杀了曾德。施琅杀犯法亲兵曾德再次触怒了郑成功，由此施郑矛盾升级，郑遂下令逮捕施琅父子三人。后来，施琅用计逃脱，其父与其弟被杀。由于亲人被郑成功诛杀，施琅再次降清。施琅先后担任清朝副将、总兵、水师提督，参与清军对郑军的进攻和招抚。先任同安副将，继任同安总兵，后升任福建水师提督，指挥清军水师克制明郑水师，平定台湾，顺利招抚郑氏集团。他还反驳当时清廷内部有人提出“宜迁其人，宜弃其地”的意见，上疏吁请清廷在台湾屯兵镇守、设府管理，力主保台固疆并得到康熙皇帝支持，为祖国的完整统一做出了杰出的贡献。

乌兰布通之战

康熙二十九年（1690），在沙俄的暗中怂恿和支持下，漠西蒙古的噶尔丹率军进入了今内蒙古呼伦贝尔地区，对附近多个部落进行了袭击和劫掠，随后，转向南进，进入了今锡林浩特地区，这里距离北京不足千里，已经威胁到了帝国的心脏地带，这是中央政府难以容忍的。康熙帝刚刚完成了收复雅克萨、签订《尼布楚条约》，此时三藩已定，台湾亦已统一，三十七岁的康熙帝经过几场内外战争与常年政治斗争的历练，已经成为了一位非常老练的政治家与战略家，他接连做出了一系列决定，开始准备解决准噶尔部问题。首先，康熙帝派人到俄国，与沙俄交涉，防止沙俄干涉此战；其次，康熙帝又从分裂准噶尔部的内部着手，通过利诱，策反了噶尔丹随军出征的侄子策妄阿拉布坦，“尽收噶尔丹之妻子人民而去”，这等于端掉了噶尔丹主要基地，使噶尔丹自此失去了最重要的后勤补给来源。同时调动各地兵力，向可能的决战地集中，最终在乌兰布通击败噶尔丹，取得了保卫战的胜利。

知识链接 **佟国纲**（?—1690）清朝大臣。满洲镶黄旗佟佳氏，佟图赖之子。初隶汉军，康熙中改入满洲。袭一等公爵。历官内大臣、镶黄旗汉军都统、安北将军。康熙二十八年（1689），同内大臣索额图至尼布楚，与沙俄签订《尼布楚条约》并划定两国边界。次年，从征噶尔丹，参赞大将军福全军务，八月在乌兰布通战役中，奋勇督兵进击，被鸟枪击中战死。谥忠勇。康熙帝亲自为佟国纲制碑文，“尔以肺腑之亲，心膂之寄，乃义存奋激，甘蹈艰危。人尽如斯，寇奚足殄？惟忠生勇，尔实兼之！”雍正初，加赠太傅。

《佟国维并妻何奢礼氏谕祭碑》拓片

昭莫多之战

噶尔丹自乌兰布通失败后，分裂叛乱之心未死，他以科布多为基地，招集散亡人员，企图重整旗鼓，东山再起。为防御噶尔丹再次进攻，康熙加紧调整部署，加强边境守备。康熙三十三年，清廷诏噶尔丹前来会盟，噶尔丹抗命不至，反而遣兵侵入喀尔喀，康熙遂决定诱其南下一战歼之。为使此次作战顺利进行，清军在战前做了充分准备：调集兵马，征调大批熟悉情况的蒙古人为向导，随军携带5个月口粮，按每名士兵配备一名民夫4匹马的标准，组成庞大的运输队，备有运粮大车6 000辆，随军运送粮食、器材；筹备大量防寒防雨器具，准备大批木材、树枝，以备在越过沙漠和沼泽地时铺路。康熙三十四年九月，噶尔丹果然率3万骑兵自科布多东进，沿克鲁伦河东下，扬言借得俄国鸟枪兵6万，将大举内犯。在此形势下，康熙决定再次亲征，次年二月，调集9万军队，分东中西三路进击：东路9 000余人，由黑龙江将军萨布素率领越兴安岭西进，出克鲁伦河实行牵制性侧击； 西路4.6万人由抚远大将军费扬古为主将，分别出归化、宁夏，越过沙漠，会师于北上，切断噶尔丹军西逃科布多之路；康熙帝自率中路3.4万人出独石口北上，与其他两路约期夹攻，歼灭噶尔丹军于克鲁伦河一带。三月，康熙帝率中路军出塞。五月初，经科图（今内蒙古苏尼特左旗北）继续渡漠北进，逐渐逼近敌军。噶尔丹见康熙帝亲率精锐前来，又闻西路清军已过土剌河，有遭夹击的危险，便连夜率部西逃。五月十三日，清西路军

乾隆虎神枪记碑

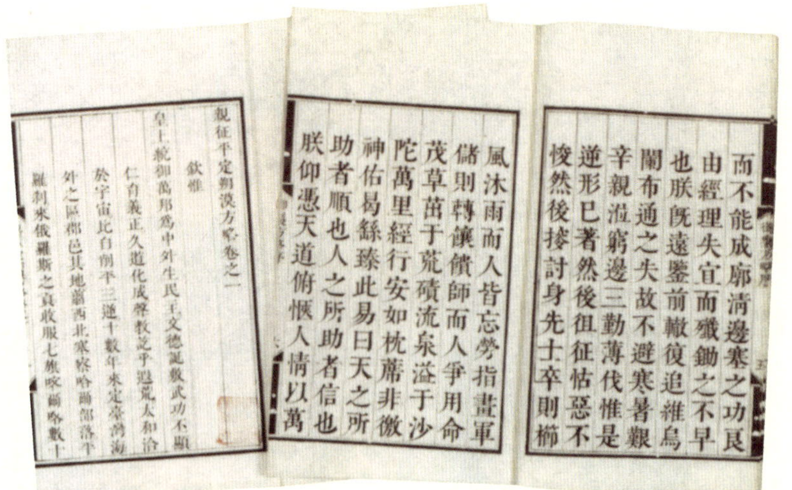
而不能成廓清邊塞之功良
由經理失宜而饟餉之不早
也朕既遠鑒前轍復追維烏
闌布通之失故不避寒暑艱
辛親涖窮邊三勤薄伐惟是
逆形已著然後徂征怙惡不
悛然後接討身先士卒則櫛
風沐雨而人皆忘勞指畫軍
儲則轉饟饋師而人爭用命
茂草茁于荒磧流泉溢于沙
陀萬里經行安如枕蓆非徼
神佑曷繇臻此易曰天之所
助者順也人之所助者信也
朕仰憑天道俯愜人情以萬
親征平定朔漠方略卷之一
欽惟
皇上統御萬邦爲中外生民主文德誕敷武功丕顯
仁育義正久道化成聲教訖乎遐荒太和洽
於宇宙比自削平三逆十數年來定臺灣海
外之區郡邑其地窮西北塞喀爾喀部落千
羅刹來俄羅斯之衆歛服七旗喀爾喀數十

《亲征平定朔漠方略》书影

进抵土剌河上游的昭莫多（今蒙古乌兰巴托东南），距噶尔丹军15公里处扎营。费扬古鉴于清军长途跋涉，饥疲不堪，决定采取以逸待劳、设伏截击的方针，以一部依山列阵于东，一部沿土剌河布防于西，将骑兵主力隐蔽于树林之中；振武将军孙思克率步兵居中，扼守山顶。战斗开始后，清军先以400骑兵挑战，诱使噶尔丹军入伏。噶尔丹果然率兵进击，企图攻占清军控制的山头。孙思克率兵据险防守，双方激战一天，不分胜负。此时费扬古指挥沿河伏骑分兵一部迂回敌阵，另一部袭击其阵后家属、辎重，据守山头的孙思克部也奋呼出击。噶尔丹军大乱，夺路北逃，清军乘夜追击15公里以外，俘歼数千人，收降3 000人，噶尔丹仅率数十骑西逃。在噶尔丹率军东侵喀尔喀之际，其后方基地伊犁地区被其侄策妄阿拉布坦所袭占。加之连年战争，噶尔丹“精锐丧亡，牲畜皆尽”，噶尔丹兵败穷蹙，无所归处，所率残部不过千人，且羸弱不堪，内部异常混乱。康熙三十六年二月，康熙鉴于噶尔丹拒不投降，再次下诏亲征。噶尔丹在众叛亲离的情况下，服毒自尽。至此，康熙时期平定噶尔丹叛乱之战始告结束，喀尔喀地区重新统一于清朝。这次战争充分反映了满族将领的军事才能和骑兵优势。

第七章 满族文化

在长期的历史发展过程中，在特定的环境和条件下，满族以其勤劳、勇敢、淳朴、智慧的民族性格创造出灿烂辉煌的民族文化。留下了绚丽的历史遗存和淳淳的满族民族文化。她创造了满语、满文，成为少数民族中为数不多的拥有文字的民族；她产生了灿若群星的文人墨客，在文学史上留下无数动人篇章；她的神话故事生动活泼，是民间文学的重要组成部分；她的建筑艺术举世闻名，是东北居住文化的代表；她的姓名特色鲜明，是满族历史发展进程的缩影。

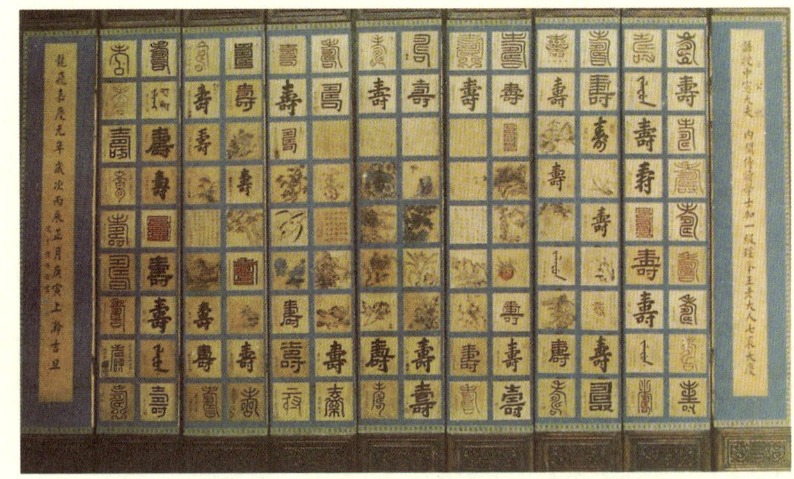

王尔烈寿屏图

满族是一个勤劳、智慧、淳朴、勇敢的伟大民族，世代生息繁衍在白山黑水，距今已有四千多年历史。满族在历史上几度崛起，先后建立起渤海、大金、后金等地方政权和大清王朝，为中华民族的团结统一和兴旺发达作出了巨大贡献。

满族文化是在长期的历史发展过程中，在特定的环境和条件下积淀的，它蕴藏着满族共同的心理感情，表现着满族共同的风尚和志趣。

满语满文

满语

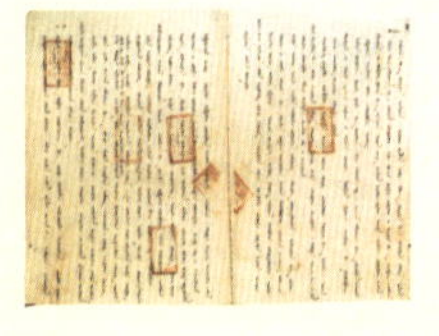

满文

在漫长的历史进程中，古老的女真人，通过不断地与周边民族融合，最终在17世纪形成了一个新的民族——满族，满语也随之从女真语演化而来。满语在其形成过程中受到了蒙古语、汉语等其他民族语言的影响。

满语属阿尔泰语系满——通古斯语族满语支。历史学家和历史比较语言学家都认为，使用阿尔泰语系各种语言的人民，早期都源于中国的北方。我国学者一般认为满——通古斯语族共有12种语言，主要分布在中国、俄罗斯和蒙古。中国有满语、锡伯语、赫哲语、鄂温克语、鄂伦春语、女真语6种。

满语亦称“清语”“国语”，辅音有25个，其中3个只用于拼写汉语借词。元音有6个，无长短之分，有复元音。有元音和谐律，但不很严整，有语音同化现象，具有黏着语的特点。基本语序为主语在前，宾语居中，谓语在后。虚词较丰富，可灵活表达语法意义。名词有格，指人名词有数的变化。动词有时、态、体、式、形动和副动等形态变化，是一种表达意义丰富的语言。

满语毋庸置疑是源于女真语，但是满语并不等同于女真语，它是经过漫长的历史演变而形成的一种新语言。

▲

《满语365句》书影

满族在辛亥革命以后逐渐改用汉语，目前能够掌握满语的人已经很少，只有黑龙江省少数乡镇的老人和部分语言学专家还能使用这种语言，抢救和保护满语刻不容缓。不过锡伯族、达斡尔族等民族的语言文字实际上可以被视为稍加改动的满语，他们一直使用这种语言至20世纪中叶。目前生活在新疆察布查尔的锡伯族人仍旧在进行锡伯文的教育，并出版有锡伯文的报刊。

近年来，通过各方的努力，满语研究已正式成为黑龙江大学的重点学科，不少高校包括台湾的部分高校开设了专门的满语课程；民间的满语学习班也在一些城市和网络中出现。

下面介绍一些使用满语命名的地名：

哈尔滨：女真语哈里宾忒。汉意“扁状的岛子”。

牡丹江：满语穆丹乌拉，穆丹汉意“弯”，乌拉汉意“江”。

绥芬河：满语绥芬毕拉。绥芬汉意“锥子”。毕拉汉意“河”。因河中生产半寸长、深褐色的锥形螺螯而得名。

伊春：满语伊春。汉意“皮衣料”，即生产皮衣料之处。

瑷珲：满语瑷珲。汉意“母貂”，即母貂生息繁衍之地。

吉林：满语吉林乌拉。吉林汉语为“沿近”之意，乌拉汉意“江”，即沿江的城市。

伊通：满语伊通。汉意“半翅鸟”，即半翅鸟生息之处。半翅鸟是一种类似野鸡但比野鸡小一些的鸟，俗称“沙半鸡”。

延吉：满语延吉。汉意“岩羊或悬羊”，即岩羊或悬羊生息之处。

四平：满语四平。汉意“锥子或细直”，即细直的河流。

法库：满语法库。汉意“鱼梁或鱼脊”，即地貌如鱼脊骨状。

普兰店：满语普兰。汉意“荆棘”，即荆棘植物生长之地。

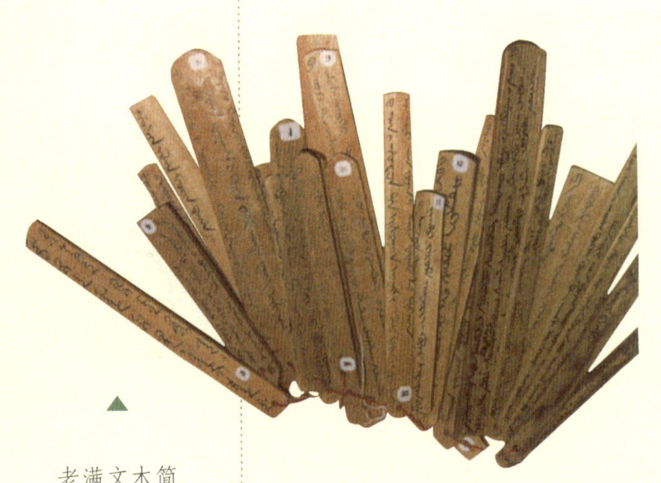

▲

老满文木简

珲春：据《明史》记载，原称“浑蠢”，其语源于女真语，即“边陬”“近边”之意。“珲春”为“浑蠢”的转音。明代称此地为“珲春卫”，一向被视为边寨重地。“珲春”还有一种说法是“冰上拖床”的意思，大概因为当地特产的“大马哈鱼”而得名。

满洲里：地名出现于1901年。在此以前满洲里一带被称为“布鲁给雅宝拉格”，汉语意为“喷泉”。是以今满洲里小北屯附近的泉水而得名。1901年，中东铁路在此建成车站，便将此站定名为“满洲里”，意思是从这里开始便是清王朝的辖地了。

知识链接 **牙克石** 由满语“雅克萨”音转而来。清代，今牙克石市所在地的名称叫“扎敦毕拉雅克萨”。“毕拉”为满语，“河”之意。“扎敦毕拉”即“扎敦河”。“雅克萨”为满语，意为“涮坍的河湾”。“扎敦毕拉雅克萨”意为“扎敦河被涮坍了的湾子”。这个地名如何而得呢？清代，免渡河与今之扎敦河被统称为“扎敦河”，并无免渡河之名称。据光绪二十五年（1899）刊印的《黑龙江舆地图》标明，扎敦河流至今牙克石北部时，出现了一个很大的湾渚，然后又北流注入海拉尔河。“扎敦毕拉雅克萨”当是以此河湾而得名。1732年，清政府为加强对呼伦贝尔地区的防守，从齐齐哈尔至呼伦贝尔（今海拉尔）设了十个驿站。其中一个便设在此地，称“扎敦毕拉雅克萨站”。1901年修筑东清铁路取站名时，俄国人便将“雅克萨”讹传音转成了“牙克什”（后又将“牙克什”变为“牙克石”），并以此称定为站名。后来随着人口增多和经济的发展，“牙克石”这个火车站名逐渐变成城镇的地理名称而沿用至今。

满文

长久以来，女真人只有语言而没有文字，一直到努尔哈赤时，仍然是借用蒙古文与明朝往来。女真人讲女真语，写蒙古文，这十分不利于政令的通行，特别是战争时期，常常贻误战机。女真人语言和文字的矛盾极大地限制了努尔哈赤的统一大业，远远满足不了女真社会发展的需要。1583年努尔哈赤起兵，开始了对原本不相统属又各自为政的女真各部落的统一大业，1587年建立起了一个新的政权。政权建立之后，努尔哈赤的内外联系更为频繁。内外发布政令、布告，记录各项公务事宜等，没有自己的文字，而事事都需借助蒙古文来完成，这不仅给新政权带来诸多不便，尤其是因为缺少众多懂蒙文的人使得上下难于沟通，这就严重地阻碍了新政权的发展。客观形势的需要，迫使努尔哈赤新政权急需一种与满语相配合的文字，如同汉语汉文，蒙语蒙文一样。因此，努尔哈赤决心创制自己的文字。

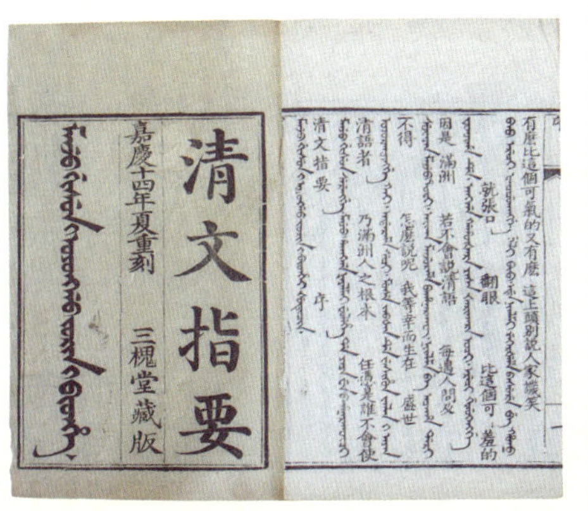

清文指要

1599年，清太祖努尔哈赤命额尔德尼和噶盖二人参照蒙古文字母创制满文，俗称无圈点满文或老满文，字母数目和形体与蒙古文字母大致相同，使用了三十余年。这是女真人第二次创造本民族的文字，从初创女真字（1119）到初创满字（1599），中间相距近5个世纪之久。语言文字的兴衰与这个民族的兴衰密切相关，满文的创制背景与当年女真文的创制背景几乎一样，在一定程度上预示了这个民族的兴盛。

1632年，清太宗皇太极令达海对老满文加以改进。达海对老满文的改革主要有以下四方面：一是在一些老满文字母旁边添加圈点，使原先雷同的字母得以区别，做到一字一音；二是创制特

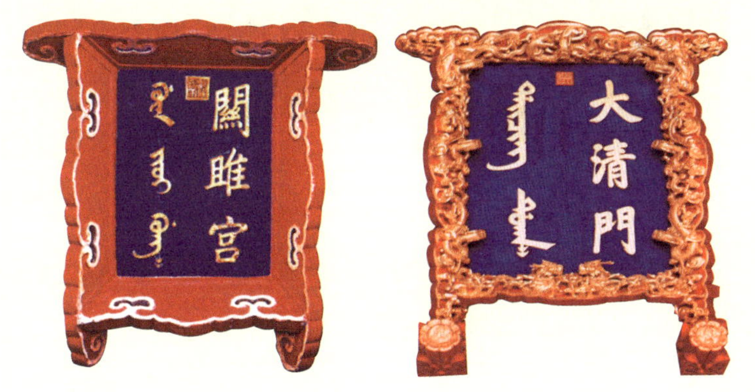

满汉文门额

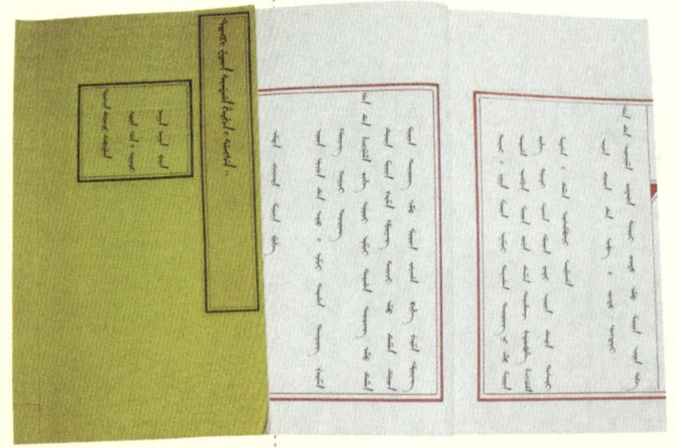

《满文老档》书影

定字母，以便于准确地拼写外来借词；三是创制满文字母的连写切音形式，解决了音译人名、官名、地名和物名等词汇时容易出现差错的问题；四是规范字体，统一书写形式，消除了过去一字多体的混乱现象。经达海改进的满文称为“有圈点满文”或“新满文”。现在人们通常所说的满文，一般是指“新满文”。满文自左而右直写，有6个元音字母，24个辅音字母，10个专门拼写外来音的字母。基本笔画有：字头、字牙、字圈、字点、字尾两种不同方向的撇和连接字母的竖线等。

满文的创制和颁行，是满族文化发展史上的一个重要里程碑，对满族共同体的形成起到了极大的促进和推动作用。从额尔德尼、噶盖初创老满文到达海的改进完善，其间经历了三十年左右的时间，满文最终成为一种最能反映满族语言特点的文字，也是一种比较可靠、完善、易学、实用的满族自己的文字。作为清代的“国语”，在满族的社会发展中起到了十分重要的作用。它促进了民族的统一和清王朝的建立与巩固。特别是它为我们留下了大批满文档案，成为今天研究满族和清朝历史的宝贵财富。

《内阁藏本满文老档》书影

另外还有一种满文篆字，是参照汉文篆书于清乾隆十三年（1748）创制的。共有32种字体，依笔画的特征命名，如龙书等。用这种篆字刊印过乾隆皇帝的《御制盛京赋》，但主要用于玉玺和朝廷的印章。

满文文献

满文在清代作为“国书”在文牍中与汉文并用，并编写过历史、文学和语言文字等方面的著述，翻译了《孟子》《资治通鉴纲目》《三国演义》《聊斋志异》等大量汉籍。现在保存下来的满文档案数以百万件计，是研究清初社会性质、清代历史、中国对外关系以及满语满文演变情况的珍贵资料。

现存满文文献，基本上可分为四类。一是档案类，包括满文“老档”和清朝的其他文书档案。“老档”是清朝最早的一部原始资料，也是研究满族早期历史的重要文献资料。清政府建立以后，大量公文用满文书写，因而形成规模更大的“新档”。中国第一历史档案馆现存满文档案达两百余万件，散藏于各地的为数也不少。二是著译类。现存满文原著及满译汉文书籍达800余种。三是碑铭类。仅《北京满文石刻拓片目录》，就收文献640余种，若加上其他地区的碑刻，其数量当更为可观。四是谱牒类，

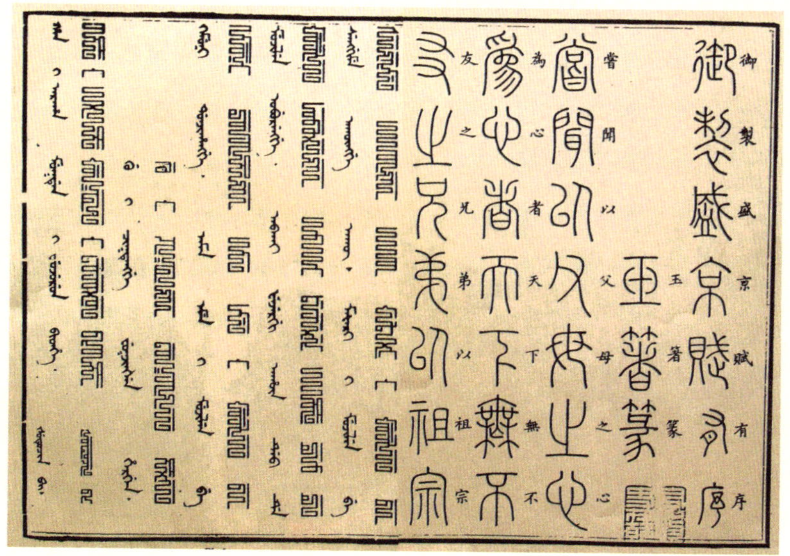
御製盛京賦有序
玉著篆之心
嘗聞以父母之心
為心者天下無不
友之兄弟以祖宗

满文篆书《御制盛京赋》

包括玉牒、皇册及王公大臣与满族家谱。仅中国第一历史档案馆收存的玉牒，就有2 600余册。

满语与满文记录了满族人的历史和他们对世界的认识，富含丰富的历史文化信息，但目前满语、满文的消亡速度已经日渐加快，有专家估计，不足百年，满语就可能消失。如何更好地保护民族语言，是每一个满族人都应该认真思考的问题。

文学艺术

满族的文学艺术，源远流长。先民们凭着智慧、情趣和想象力创造了灿若群星的文学艺术作品。“八角鼓”“子弟书”等曲艺戏剧，“蟒式舞”“庆隆舞”“腰铃舞”等歌舞以及书画、雕刻、剪纸、刺绣等极具民族风格和特色，成为中华文化宝库中的重要组成部分。

辽宁人民出版社出版的《红楼梦》书影

文学

历史上曾涌现出一批满族文学家。早期著名的词人纳兰性德著的《纳兰词》等，清新婉约，生动自然，足与当时词坛上负有盛名的汉人朱彝尊和陈维崧媲美，合称“三大家”。乾隆中期，曹雪芹著的《红楼梦》，是一部伟大的现实主义作品，把中国古典小说创作艺术推向高峰，成为世界文学名著之一。满族人老舍先生不仅是一位著名的小说家、戏剧家，还是杰出的曲艺家。他的作品众多，而且脍炙人口，不愧为当代的“人民艺术家”。

剪纸

满族喜欢贴窗花。用各种彩纸剪成各种鸟兽花卉，古今人物，贴在窗户上，栩栩如生，充满活力。还有另外一种剪纸艺术，就是挂笺，或称挂钱。过春节时，家家户户用五色彩纸，剪成长约40厘米、宽约25厘米不等的纸块，中间镂刻云纹字画，如丰、寿、福字，下端剪成犬牙穗头，悬挂于门窗横额、室内大梁等处，五彩缤纷，喜气洋洋。最早挂笺是祭祖场所的装饰品，一般都是单数。传闻自家宗族祖先是从长白山几道沟来的就挂几张。黑龙江宁安、海伦等地的剪纸艺术在全国艺坛上享有盛誉。

◀ 满族剪纸

补绣

满族民间工艺，或称“钉线”，主要流行于东北地区农村。以家织布和棉线为原料剪缝而成，黑白色为主调，间用他色。纹饰以榴开百子、吉庆有余、葫芦盘长、福寿长春、八宝等吉祥图案为主，多配以较粗重的黑色边饰，常绣于枕顶、荷包、幔帐、坐垫之上。

满族补绣 ▼

满族舞剧
《珍珠湖》

舞蹈

满族人能歌善舞。其先世靺鞨人的舞蹈具有战斗风格。女真人的习俗，“以女年及笄，行歌于途。其歌也，乃自叙家世、妇工、容色，以伸求侣之意”。明代女真人乘兴起舞，并有琵琶伴奏，大家拍手而歌，特别是在节庆宴会上，主客男女轮番起舞，节奏和谐，一人领唱，众人皆呼“空齐”相和。进入辽、沈后，更多地吸收了其他民族的歌舞形式。

秧歌舞：多于上元夜表演。舞者十数人或数十人不等。表演者各持尺把长两圆木，边击边对舞。常由三四人扮妇女、三四人扮参军及扮持伞灯者，饰卖膏药者为前导。以锣鼓伴奏，“舞毕乃歌，歌毕乃舞”，是化装的歌舞表演。有徒步、高跷之分。若两秧歌队于路上相遇，即行抗肩礼互敬。

莽式舞：清代宫中宴会上表演的满族舞蹈。莽式分男莽式和女莽式。跳莽式必有歌唱和，一人领唱，众人以“空齐”之声相和，加强节奏，故也有人称之为莽式空齐舞。舞蹈粗犷有力，动作幅度较大，多是骑士步，这与满族先民尚武有关。

腰铃舞：满族民间舞蹈。由数名腰系铜铃男子表演。表演

满族舞蹈表演

时打着响板，扭动腰铃，使板声、铃声相和。源于满族早期骑射生活。

庆隆舞：庆隆舞是在丰收年景和庆祝大典中进行的一种场面性舞蹈，是清朝宫廷舞蹈中最具满族特点的舞蹈，留有民间舞蹈的深刻痕迹。庆隆舞、喜起舞和扬烈舞，源于莽势舞，乾隆年间命此名。用于宫廷内元旦、万寿节、除夕及皇帝大婚等所举行的盛大筵宴上，多由王公大臣与司舞者共同表演。舞蹈规模颇大，包括乐器伴奏多达百人。

大五魁舞：又称“五魁舞”，是满族民间一种庆贺舞蹈。源于满族早期的狩猎生活，多于丰收、狩猎归来时表演。该舞蹈由五人分别头戴虎、豹、熊、鹿、狍的面具做拟兽的跑跳动作，欢快有趣。

单鼓腰铃：单鼓腰铃系艺人们口头的称呼，亦称“打单鼓子 ”或“耍腰铃”。是一种腰缠许多小铃，手持“单鼓”（或“抓鼓”）而舞的祭祀舞蹈。满族信仰萨满教并尊奉“鹰神”“蟒神”“乌鸦神”等。逢年过节，祭祖之日先将“佛朵妈妈”请上神位，后由“查玛”开始起舞，他们头戴神帽，身扎腰铃，手持抓鼓，边跳神舞边唱神歌。他们先在屋里跳，然后到院外跳。祭

太平鼓舞

祖内容一是追忆祖先功德，二是保佑天下太平，三是祝愿风调雨顺，四是祈祷病除灾消。

民歌

满族民歌内容丰富，较之汉族民歌，多了一些渔、猎、牧劳动和八旗兵出征及思念亲人内容歌曲。其歌词语言通俗、活泼，旋律质朴、简明。农村中的满族民歌这一特征更为明显。满族日常生活中离不开歌唱，活泼动情的小唱几乎涉及满族整个人生礼俗，唱出了他们的愿望和心声。自降生听《悠摇车》，稍大一些学唱《小板凳》《河河沿》，童年的《抓嘎拉哈歌》，少年的放牧山歌，青年的情歌，结婚的喜歌，出征的战歌，围猎的猎歌，以及丰收喜庆、岁时节日、祝福贺寿、凯旋庆功、悲欢离合都有歌，其音乐风格多彩多姿，但基调豪放、爽朗，即使表现哀婉情绪的音乐，也不失其刚健强劲的内质。

满族民歌有摇篮曲、儿歌、情歌、劳动歌、风俗歌、山歌、小调、喜歌、战歌、叙事歌等等，形式多样，内容几乎包括其民族生活的各个方面，其音乐也各有特色。

摇篮曲，也称“悠悠调”。在满族中流传最广，几乎每个满族孩子都是在这种悠扬、平缓的曲调中成长起来的。现在流传的《摇篮曲》有满语的、汉语的，最多还是满、汉语兼有的。

劳动歌，满族先民在渔猎时，常吹牛角或海螺为号，敲锣打鼓，声势浩大。猎毕，就在野外歌舞欢宴，富有节奏的劳动号子发展成旋律流畅的劳动歌，容纳了广阔的生活场景。

山歌，满族人用热烈奔放的山歌，抒发其对家乡和劳动的热爱，其中有一部分就是劳动歌。其中赞美富饶壮丽河山的山歌称为“夸山调”，满语民歌《巴音波罗》歌唱丰收，就属于这种山歌。另一类是对口喊唱的“爬山调”，多在放牧时赛唱。这类山歌，常是你一句我一句的对口喊唱，俗称“拉锯”“抬扛”。歌词即兴而编，多是触景生情开口就唱，节奏自由强烈，曲调高昂开阔，情绪奔放，酣畅。《靠山调》《爬山调》等曲调被八角鼓、单弦等曲艺广泛吸收。

满族风俗歌也很有特色。如迎亲路上的“官吹”，闹洞房时唱的喜歌“拉空齐”以及丧葬仪式中的哭丧调和大量的祭祀歌都很感人动听。

在东北广大农村流传着丰富多彩的反映满族人民劳动、祭祀、游戏、出征和日常生活的民歌、儿歌。其中有渔民号子《跑南海》、山歌《开山调》、牧歌《溜响鞭》《挖人参》《蚕姑姑》等；反映民间生活的有《巴音波罗》《轱辘冰》《喜歌》等；反映爱情的有《伊勒哈穆克》《红绒线》《烟荷包》《十二月》等；游戏歌有《抓嘎拉哈》《拍手歌》；反映出征内容的有《出征歌》《八角鼓咚咚》；反映妇女生活的《丹查拉米》《酸枣颗棵》；儿歌

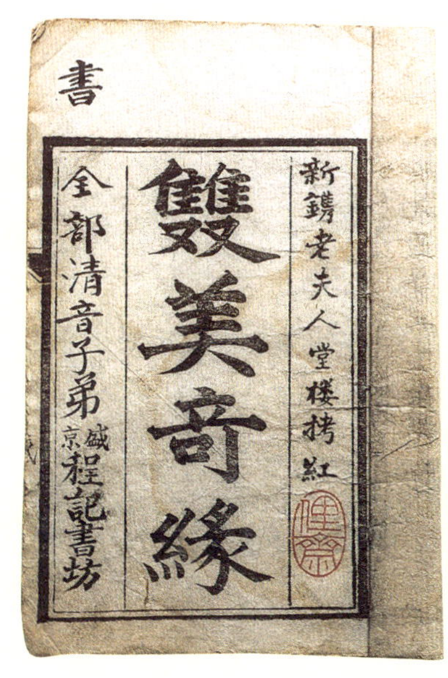

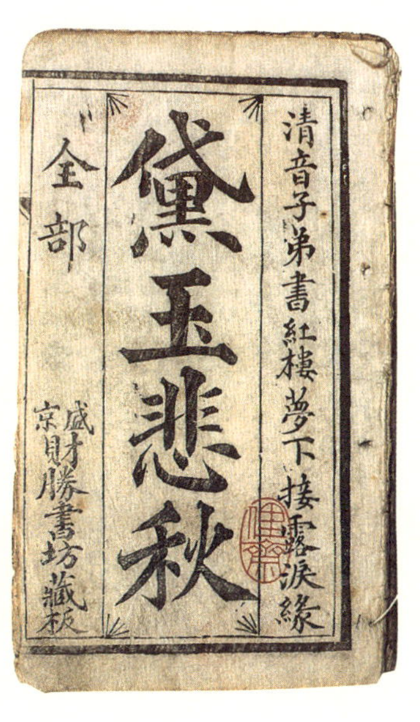

子弟书

有《干草垛插金刀》《风来咯》等。

子弟书，曾盛于北京，流传到东北的“子弟书”始创于八旗子弟，为满族人所喜爱的文艺形式。晚清以来，涌现出许多满族曲艺表演艺术家。驰名艺坛的有赵星垣、双厚坪、金万昌、谢芮芝、品正三、常澍田、程树棠、荣剑尘、常宝馥、连阔如、侯宝林、关学增等。这些曲艺表演家，其表演艺术达到了极高的境界，对后世有重大影响。

趣谈神话

在漫漫历史岁月中，满族及其先人创造了瑰丽多彩的文化，民间文学的蕴藏极为丰富。在这百花盛开的民间文学的花园中，神话有其特殊的魅力，是一朵迷人的鲜花。满族神话有开天辟地神话，有天神造人神话，有天神造物神话，有族源神话，有保护神神话等。

开天辟地神话

▲

柳树神

关于天地万物的来源的神话属于这一类，如《海伦格格补天》《天神创世》《白云格格》等。《白云格格》讲述了天神的小女儿白云格格，为拯救世间生灵，偷天上万宝匣造土地的故事。白云格格掌管天上的聚宝宫，发现天神放水淹没了世间的田地，人兽鸟虫等生灵失去生存的空间，在水面上苦苦挣扎，于是偷走了聚宝宫中的万宝匣，撒到大地上。从此大地就形成了山丘和平川。善良的白云格格的勇敢行动，触怒了天神，派雪神冻死地上的花草，白云格格无处藏身，最后白云格格化成了一棵白桦树。这个神话不仅解释了大地山川的形成，而且塑造了一位宁死不屈的女神形象。

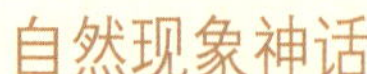

自然现象神话

解释日月星辰的来源和风雨雷电等自然现象的神话，在满族神话中占有重要的地位。如《天池》《太阳和月亮的传说》《月亮阿沙》《北极星》等都属于这类神话。《太阳和月亮的传说》是关于太阳和月亮形成的神话。传说刚有天地的时候，天上地下都是黑糊糊的，一片混沌。天神的两个女儿炼出了三万三千三百三十三个小“托里”（神镜），并把光芒闪闪的小托里抛向天空，于是天空中出现了无数的星星。姐妹俩又拿起天神炼出来的十个又红又大的火焰托里往地上照，天空马上明亮了，地上的树、人、动物看得清清楚楚。十个火焰托里好似十个太阳在天上转，烤得地上的人和万物受不了。聪明的人砍来大树做弓，用椴树里皮和藤条做弦。用箭射下了八个火焰托里，最后只剩下两个。天神发怒了，把两个女儿分开，叫她们永远拿着托里照射。姐姐成了“顺”（太阳），妹妹成了“毕牙”（月亮）。

▲

满族起源神话

关于风雷雨雪等自然现象的神话，多散见于各种神话之中，很少有单独讲述它们的神话。比如在《白云格格》和《天池》中，就出现了雷神、风神、雨神、雹神、雪神等自然现象之神。

人类起源和族源神话

原始初民对人类和本民族成员的产生的解释，构成了许多神话。《天神创世》神话说，人是天神按照自己的样子造出来的。起初造了一男一女，他们婚配生了许许多多的人，一代又一代。后来人在地上住不下了，天神就把天上的一棵最粗最大的树砍倒了，接在土地的边缘上，人类沿着树的枝丫发展下去，于是世界上才有了各色各样的人。

族源神话多保存在原始宗教萨满教的神谕中，而且各个姓氏都有自己的说法，呈多元化。东海窝集部的神谕中说，人是从水神出水的毛孔中生出来的；牡丹江一带的富察氏的神谕中说，人是天神身上搓落的泥做成的；野人女真部的神谕中认为生命来自大海。可以看出，这些关于族源的神话的产生，与这些氏族先人的生活环境、谋生手段有着一定的联系。

与魔鬼斗争神话

这类神话不大集中，多散见于各类神话之中。魔鬼代表是众魔之首耶路里，他与天神及其弟子的斗争，构成了这类神话的主要内容。耶路里原来也是天神的弟子，因忌妒师兄恩都里增图，

《满族民间故事》书影

私自下界，在地下国制造了一群恶魔。最后被人类保护神和天神最小的弟子多隆贝子刺死。他的灵魂兴风作浪，不忠于天神，又无处可去，就造了一个地狱——十八层地下国。梦想进入天堂，取代天神。《天宫大战》就是记叙天神与恶神耶路里大战的故事。神话《绥芬别拉》则是描写“东海神主”绥芬别拉与黑水怪斗争的故事。

祖先神神话

满族先民的社会组织，起初是由若干个哈拉（姓氏）这种血缘组织构成的，因此每一个哈拉都有自己的祖先神。每个祖先神都对本氏族有着杰出的贡献，因此成为后来满族祭祖的对象，而且每一个祖先都有一段神奇的故事。神话《鄂多玛发》记录了郭合乐哈拉的第一位祖先神鄂多玛发，率领部众历尽艰辛，终于找到了理想居住地的故事。为了纪念这位劳苦功高的祖先神，郭合乐哈拉人把他做成高一尺五六寸的人形、鹰嘴、鸭子爪的木刻神像，用以祭祖。神话《石头蛮尼》讲述了苏木哈拉供奉的祖先神石头蛮尼的故事。故事说，石头蛮尼是一位有名的大萨满，他神通广大，除邪祛病，有求必应，帮助穷苦人解决困难，为本氏族的人做了许多好事。他死后，苏木哈拉按照他的形象做了一尊石像供奉。

保护神神话

和祖先神类似，每个氏族都有自己的保护神。这类神话重在歌颂对自然和人类起保护作用的诸神的功绩。如保护人类神恩都里增图，最古老的保护神（海神）突忽烈玛发，行船保护神朱拉贝子等等。《突忽烈玛发》是巴拉女真供奉的一位最古老的保护神，因为他生长在海里，又称他作海神。突忽烈生下来时，浑身长着闪闪发光的鳞片，两只脚像鸭子爪，生下三天就钻到水里不出来。人们都说他是魔鬼降生，要害死他。但由于他有神力，几次都没害成。后来，当乡亲们有难时，他都主动帮助。他帮助乡亲们抗洪退水、引水抗旱，并率领乡亲消灭了耶路里手下的火龙群，为乡亲们重建了家园，受到了人们的崇敬和爱戴。

除了各氏族的保护神外，满族也有共同的保护神，如长白山主。长白山在满族人心目中是一座神山，长白山不仅是满族的发祥地，而且满族世世代代生活在白山黑水之间，长白山养育了这个民族。所以，满族祭祀长白山主，长白山主就成了满族人民的保护神。

满族神话剪纸作品

狩猎神神话

千百年来满族及其先人，以渔猎、采集为主要生存手段，因此民间祭祖有关狩猎生活方面的神就比较多了。如尼玛察氏供奉的弓箭神多龙格格，吴扎拉氏供奉的狩猎神鄂多哩玛发，宁安吴氏祭祀的“抓罗妈妈”鹿神，伊尔根觉罗氏祭祀的马神绥芬别拉，都是比较典型的满族狩猎神。

《多龙格格》神话说，有一年从海边飞来一群黑大鹏，它们有铁爪钢嘴，力大无穷，生吃活人野兽，给人们带来了深重的灾难。多龙格格在神鹊的指导下，练就了一身神箭法。最后，她用神箭射杀了黑大鹏，为民除了害。从此，多龙格格被奉为神灵。这个神话不仅歌颂了多龙格格为民除害的光辉事迹，同时也说明了满族人弓箭技艺的由来，以及弓箭对于狩猎民族的重要意义。

满族神话世代流传，其传承方式有三种。其一是文字记载流传，如满族族源神话“天女佛库伦含朱果生满族始祖布库里雍顺”，就是通过《满文老档》《满洲实录》等清代史书记录下来的。不过，此种流传方式流传下来的神话不多。其二是口耳相传，这种方式流传下来的满族神话数量最大，也是流传的主要渠道。其三是靠萨满教流传下来的。满族及其先人自古以来信奉萨满教。萨满教是原始宗教，其宗教思想主要体现在“神谕”当中，并靠萨满世代口授传承下来。同时也有一些被记录下来，世代相传。神谕中充满了对天地万物、自然现象以及诸神的解释，这种解释构成了满族神话的重要内容。

建筑园艺

园林建筑

沈阳故宫是中国现存的两座古代帝王宫殿之一，也是举世仅存的具有浓郁满族风格宫殿建筑群。它是清太祖努尔哈赤和清太宗皇太极创建并使用的皇宫，清入主中原后作为陪都宫殿和皇帝东巡谒陵的盛京行宫。

沈阳故宫全景

沈阳故宫占地面积6万多平方米，有古建筑百余座，东路是努尔哈赤时期创建的大政殿和十王亭；中路大清门、崇政殿、清宁宫等为皇太极时期的“大内宫阙”。其两侧是乾隆年间增建的行宫和太庙等。西路的文溯阁等也建于乾隆年间。沈阳故宫于1961年被列为国家首批重点文物保护单位，2004年被列入世界文化遗产名录。

建筑艺术

清代的园林在世界上是享有盛名的，如北京西郊的圆明园，周围广达三十华里，拥有一百五十多座精美的宫殿、台阁、宝塔等建筑。从康熙时开始营建，乾隆时基本完成，道光时又有所增修，前后经一百余年，耗费白银约两亿两。圆明园综合了国内许多名园的特色。如杭州西湖曲院、海宁的安澜园、苏州的狮子林等等，都被一一仿建在园内。因此，它可以说是我国名园山水的一个缩影。圆明园还吸收西欧园林建筑的特色，建有“西洋楼”，安装有人工喷泉。园内建筑物上的雕刻、绘画，都是全国

名工巧匠的艺术杰作。圆明园内还珍藏有历代文物和艺术珍品，可以说是清朝的皇宫博物院。 圆明园是当时园艺界最大的园林建筑之一，它对世界各国园林事业有着巨大的影响。可是，这座世界名园却在咸丰十年（1860）被英、法侵略军所焚毁，其中大批珍宝、文物被抢劫一空。除圆明园之外，在清代兴修的建筑物中，著名的还有承德的避暑山庄和外八庙，北京的雍和宫、颐和园等。

▲

圆明园残址

避暑山庄又名热河行宫、承德离宫，原为清代皇帝避暑和从事各种政治活动的地方，是我国优秀的古代园林建筑群。康熙时开始兴建，完成于乾隆年间。它的规模宏大，占地面积达560万平方米，分为宫殿和苑景区两大部分。其间苍山起伏，湖光变幻，洲岛错落，殿堂成群，有康熙帝和乾隆帝自题名的七十二景。

盛京三陵，指早期的三个清朝皇家陵寝，即永陵、福陵和昭陵，是清帝王陵墓的重要组成部分，无论是古建筑的营建法式、完备的建筑规制，还是繁缛的祭祀典制、管理陵墓的职官体制等都与明清帝王陵墓一脉相承。同时，盛京三陵还是中国东北少数

永陵碑亭

福陵隆恩门

民族帝王在兴起过程中一个特定历史时期的产物，因此，它又保留了大量该时期一个民族从思想理念到审美情趣以及建筑水平、风俗习惯等诸多的文化信息。盛京三陵每座陵墓自成体系，虽规模较小但规制完备，礼制设施齐全，陵寝建筑规制将中国古代环境地理学中宗教、信仰、习俗同周围自然环境相结合，使其达到建筑选址、规划、设计

昭陵牌坊

的统一，并成为中国古代建筑形式、雕刻、绘画以及综合理念的历史依据和现代鉴赏者的实物资料。2004年7月1日，在中国苏州召开的第28届世界遗产委员会会议，位于中国辽宁的盛京三陵作为明清皇家陵寝扩展项目被批准列入世界文化遗产。

满族民居

东北地区天气寒冷，各民族的居室住宅自然形成以防寒为主的特点。满族多居住在山区谷地，尤其注重御寒防冷的问题，并因此形成了满族特有的居住习俗。满族的住房，一般有两间正房。外屋是厨房，安置锅灶；里屋有三铺炕，西炕为贵，南炕为大，北炕为小。满族盖房多开南窗和西窗，冬暖夏凉。

满族早期，经济文化比较落后，其居住条件非常简陋。至今，在某些偏远山区，还有一些人住在原始的“地窨子”“马架子”里。“地窨子”，是满族人冬天居住，一般建在向阳山坡，向下挖土为墙，上面盖上树皮、山草。室内有锅灶、火炕。保温、取暖效果好。“马架子”是满族人夏季居住的场所，一般建在林内，借用一些树桩，在树桩上用木铺地，上面搭“人”字形架子，再覆盖以树皮、山草防雨。

随着经济文化的发展和与各民族交往、学习，满族人逐渐形成自己的居住习俗。他们以当地的建筑材料，修建了泥坯草房、

▲

满族民居

青砖瓦房和夹用石料的房屋。正房面南，三间或五间，东西厢房各两间或三间。富庶人家还有门房（三间，中间为过道）、影壁墙等。

口袋房与𠃑字炕

“口袋房，𠃑字炕，烟筒坐在地面上”，形象地说出了满族人的居住特点。口袋房，是指三间房多在最东面一间南侧开门或五间的在东起第二间开门。坐北朝南，房顶用草苫，周围墙多用土垒成。门大多开在东边，也有的中间开门，称“对面屋”。进门便是伙房，又称外屋，西侧或东西两侧为里屋，即卧室。卧室筑有南、北、西三面构成的火炕，这是满族卧室的最大特点。火炕又称“转圈炕”“拐子炕”“蔓字炕”等等，满语叫“土瓦”。一般南、北为住炕，东端接伙房炕灶，西炕是窄炕，下通烟道。按满族习俗，西炕上供着神圣的祖宗板，因此不要说堆积杂物，就连贵客挚友也不能坐西炕。南炕温暖、向阳，一般由长辈居住；晚辈则住北炕。火炕既住人又取暖，深得满族群众喜爱。满族入关后，火炕在北方得到了更加广泛的推广。火炕是满族人家住房主要的取暖设备（宫廷内还有火地、火墙），东屋是小字辈住房；北方汉族盖房屋，一般将烟囱设在房脊上，而满族却将烟囱

农家小院

坐落在房西或房后地上，以一段横烟道与烟囱相连。这也叫“跨海式烟囱”。烟囱，满语称“呼兰”，建在屋侧，高过屋檐数尺，通过孔道与炕相通。除用空心木外，烟囱多用土坯或砖砌成。

满族建筑的门窗也有特点，门是独扇的木板门，有木制的插销；内门是双扇木板门。外屋靠门侧有一个小窗，俗称“马窗”。每窗分上下两层，高丽纸糊在窗户外面，上层糊纸，可向内吊起；下层为竖着的二三格，装在窗框的榫槽，平时不开，但可随时摘下。窗棂格一般有方格形、梅花形、菱形等多种几何图案。糊窗所用的窗纸是一种叫“豁山”的纸，满语称为“摊他哈花上”，汉译为麻布纸或窗户纸，是用破衣被絮经水沤成毳绒，再在致密的芦帘上过沥摊匀，经日晒而成。这种纸坚韧如革，可用作写牍，但最主要的是用于糊窗户。糊之前，把盐水和酥油搅拌成的比较稀的糊状物喷在高丽纸上，这样就可以防止被雨浸湿。“窗户纸糊在外”也是“东北三大怪”之一。

满族认为，“四世同堂”或“三世同堂”是件大喜事，同堂的辈分越多越光荣。因此，随着人口的增加，除正房外，又建有东西厢房和南向而中间留有门洞的门房，这种建筑及布局就是我们今天所称道的“四合院”。其特点是：院内靠门洞的地方建一矮墙，称为“影壁”。影壁后竖一根八尺高左右、碗口粗的神杆，杆顶端挂有一锡制或木制的斗子。两厢南端是牲畜栏圈。正

知识链接 **满族三怪** 在关东地区，满族的日常生活中，流传有“三怪”。

先说第一怪：“窗户纸糊在外。”在农村没普遍安玻璃窗户前，都用纸糊窗户。诀窍是分上、下两扇，用软杂木制做的。上扇窗户用木条制成盘长式的小方格，下扇窗户也是用木条制成均匀的小方格，并用窗户斗固定。一年四季都用“毛头纸”又称“高丽纸”糊在窗楞的外边。“毛头纸”是用麻绳头做原料，人工抄漂而成。纸稍厚，迎着阳光看，有网状及麻丝，所以此纸坚固耐用。但糊上窗户后室内光线暗淡。窗户纸糊在外面主要原因是冬天窗楞不存雪，不存“气流水”，保暖性强。为了使窗户明亮，要用豆油、芝麻油、麻籽油涂在窗户纸上，叫做“油窗花”，做法是用棉花搓成团，缠在吃饭用的筷子头上，把油放在小碗里，棉团沾满油后，往窗户纸上画成“X”、“◇”等图案，待油润干后，窗户增强了亮度，窗户纸既坚固耐用，蚊蝇又不往窗户上落。后来社会进步了，窗户安装了玻璃，窗户纸也不见了，自然也不用“油窗花”了。

再说第二怪：“女人叼个旱烟袋。”吸烟是满族的传统习惯。烟袋构造简单，由三部分组成。有装烟的“锅”，通称烟袋锅；有木制的烟袋杆；有吸烟用的烟嘴。烟袋锅有铜质的，嘴为玉石、翡翠、玛瑙等，地位、身份高贵人家的烟袋价值昂贵。

再说第三怪：“养活小孩吊起来。”东北地区的满族哄小孩用一种叫做“摇车”的工具。它用椴木片、秋木片围做成船形的（类似摩托车斗的样子）车，深40~50厘米，长90厘米左右。在它的四周涂上红色，画有龙、凤或“卐字”图案，有的写上长命百岁、富贵有余等祝福的字样，一般的婴儿出生五六个月就坐摇车。

在农村，每家室内天棚都绑一个横木杆，叫棚杆，专门留做挂摇车用。棚杆系上呈V形双股绳，下端安上两个铜圈，上端系在杆上。摇车两头各系有双股的绳，每股绳上拴有挂钩，挂在杆上的铜圈上，“摇车”平稳地吊起来。将婴儿放在车里，用手轻轻推动，逐渐增加高度和速度，边悠边唱小曲，小孩就安稳地睡觉了。

房后中间空地是菜圃，四周栽植果树或花卉。房屋四周围以横墙，自成院落，大户用砖石，小户用木栅。这样院连院，户连户，很自然地形成了堡子、营子和屯子。

满族人家院内立有“索罗杆”，上面有斗，是满族祭天用的。斗内日常放些粮食、肉类喂乌鸦和喜鹊等鸟类，传说乌鸦曾经救过老罕王努尔哈齐。

满族民居的代表——乌拉特镇“后府”

乌拉特镇位于吉林省中部偏东，松花江上游右岸，是吉林省有名的满族聚居地，有“先有乌拉、后有吉林”之说。作为一个

旗人家庭生活

主要建制城镇，一千多年以来，一直是该地区主要政治、经济、文化活动中心，保留了大量的传统建筑和历史遗迹。清乾隆、道光年间，先禄、王魁福、德凌额、赵云生等清代官吏先后在乌拉特建起“四府”。四府中，就其规模型制、装修等比较，应首推“后府”。据史料记载，努尔哈赤统一东北各部建立后金政权，到顺治年间在“布特哈乌拉”设置了“打牲乌拉总管衙门”。打牲乌拉总管衙门是朝廷直接管辖的特殊机构，管理地方打牲部落行政事务，是负责向清皇室进贡以当地特产为主的“经济特区”。打牲乌拉总管衙门自顺治四年至宣统三年（1911）结束，先后持续了264年。这两百多年间，它一直在经济和军事上为朝廷做着巨大贡献。后府是典型的东北地区官宦旗人住宅，是北方满族居住文化的缩影，体现了满族民居的特点。

后府正房外廊

后府的总体布局有着鲜明的满族民居遗风。院落布局按中轴线展开，布局严谨。“后府”系两进院，靠腰墙和二门将内外

▲

后府

院分开，使内院另成空间。内院正房居中，两厢房避开正房，不遮挡光线，且正房间数居多，使得院落宽敞，如此宽松布局的主要原因是为了求得庭院舒朗宽大，庭院及房间通风良好，多纳阳光。作为高寒地区，产生这种格局，实属必然。其次，虽然内外院建筑布局十分宽松，均有宽大的院落，然而外院住的都是差人及执事人等，大部分劳动都在外院完成，以保证内院的私密性。就尺度而言，内院长者居住正房，开间及进深尺度大，室内净高也大，两厢房以及外院房屋则依次渐小，如正房的檐口高于两厢房檐，居住的尊卑及贵贱，从单体建筑尺度上可以看到明显区别。这自然是受了汉族文化影响的结果。然而，诸如四脚落地大门等则是满族住宅的特有形式。

“后府”单体建筑更充分体现了满族建筑的特点：万字炕和落地式烟囱。烟通过万字炕走落地式烟囱排出。

如今的“后府”仅存正房和西厢房，居住着该镇文化馆馆长一家。根据当地目睹过“后府”的老人回忆，这座占地近万平方米的宅第，原为两进四合院，并僻有西花园和南园。历经清廷倾覆，破坏甚大，民国初年尚有余辉，至伪满时期只留四合院一座。虽有人看管，但百花凋零，院墙几倾，满目萧条。“后府”保护刻不容缓。

宽窄巷子

在现存的满族民居中，“宽窄巷子”可谓是南方的代表建筑。作为成都市三大历史文化保护区之一，“宽窄巷子”由宽巷子、窄巷子和井巷子三条平行排列的城市老式街道及其之间的四合院群落组成。宽窄巷子是成都遗留下来的较成规模的清朝古街道，与大慈寺、文殊院一起并称为成都三大历史文化名城保护街区。2008年6月，为期三年的宽窄巷子改造工程全面竣工。修葺一新的宽窄巷子由45个清末民初风格的四合院落、兼具艺术与文化底蕴的花园洋楼、新建的宅院式精品酒店等各具特色的建筑群落组成。

康熙五十七年，准噶尔部侵扰西藏。清朝廷派三千官兵平息叛乱后，选留千余兵丁永留成都并修筑满城——即少城。清制规定森严，满蒙官兵一律不得擅离少城染指商务买卖。靠每年少城公园（今天的人民公园）春秋两季的比武大会，论成绩优劣领取皇粮过日子。

康乾盛世后，国势衰落，致使只会武功斗雀儿的八旗子弟家道中落。清朝总督赵尔丰随后交出政权。杨森、刘文辉等军阀先后定居在这里，蒋介石也曾经来过。典型的北方四合院，三面环墙，设三道门。其二道门只在喜庆大事时开启。平时只走两侧屏门。宅院分上、中、下房，是民国期间所建，已经分辨不清宅子的清代痕迹。

宽巷子与窄巷子有着鲜明的满族民居遗风，是成都这个古老又年轻的城市往昔的缩影，也是清朝维护国家稳定的历史印记，是一个记忆深处的符号。

如今的宽窄巷子街景

满族姓名

姓氏来历

姓氏是不同血缘集团相互区别的符号，不同的姓氏代表着不同的家族。满族人的姓氏是其不同历史时期文化的反映之一。在满族共同体形成时期，其姓氏是多音节的，用汉字写就是两个或两个以上汉字共同组成。满族入关后，其姓氏逐渐向单音节过渡，即与汉族单字姓氏相同，其姓氏实质上既有原多音节姓氏的内涵，又有与汉族姓氏相同的单音节的表现形式，形成了满汉兼容的姓氏文化特质。

满族的姓氏形成于氏族社会，是表示血缘关系的称谓，称之为“哈拉”。最初一个哈拉就是一个穆昆（家族）。随着人口的繁衍，原来同一哈拉穆昆内就派生多个哈拉。所以，满族逐渐形成众多的哈拉（姓氏）。至清代，据清《皇朝通志·氏族略》记载，满族有679个姓。

满族形成后，其姓氏来源主要有以下几个方面：一是沿用旧姓。满族的很多氏族沿袭了女真旧有姓氏。如清代的大佳氏即由女真时的大家氏相沿而来。满族姓氏源于女真姓氏者，据《皇朝通志》记载，这类姓氏约占满族全部姓氏的十分之三。二是以地名为姓氏。满族氏族中以地名、山河名称作为姓氏的有很多。如《清史列传》载满文改制者达海“世居觉尔察，以地为氏”。三是以部落名称为姓氏。满族氏族中以其原属部落名称为姓氏的比较普遍。瓜尔佳氏、完颜氏、尼玛察氏、辉和氏等等基本上是源于部称。四是更改姓氏。满族有少部分人的姓曾经改过，这在其他民族是不多见的。满族人更改姓氏多因分居、迁徙、承嗣、避罪引起。

清代满族虽皆有姓氏，但日常只称名不道姓。满族这一习惯，不仅清代如此，就是以前各朝代，虽族名有过几次变称，如肃慎、勿吉等，但对姓名的习惯，却千百年相沿而未改。如阿尔泰，姓伊尔根觉罗，是位巡抚，人们便称他阿大人。清代受满族

满族谱书

习俗影响，很多汉官也是只称名不道姓，如杨凤翔，人们只叫凤翔或凤大人，而不称姓。满族为何有姓而不称呢？据说，先前的满族人都按血缘关系住在各自的村庄里，同一村庄的人也就是同一姓氏的人，彼此称呼无须称姓，久而久之，便形成习俗了。

满族及其先世的民族姓氏虽由来已久，但或因与汉人通婚，或受汉文化影响，或因清政权被推翻后为免受歧视，或因其他缘故而改冠汉姓的也早见于姓。尤其是粟末建立的渤海国，金中后期及清末民初几个时期盛行冠用汉姓。清代满族冠汉姓的情况大略有如下几种：第一，沿用金代女真旧有汉姓。女真时代很多氏族有汉姓，如完颜氏汉姓王，纥石烈姓高，蒲察姓李，女奚烈姓郎，移剌姓刘……到了清代，仍有很多满族沿用了女真旧有汉姓；第二，以满姓谐音取汉姓。满族姓氏为多音节，改汉姓时或取其一个音节，或取其几个音节的切音汉字为姓。如佟佳氏为佟、董，瓜尔佳氏为关，觉罗氏的后代有人以罗为姓，完颜氏后代以颜为姓，等等；第三，以满姓汉译后表义汉字或表义同音汉字为姓。如巴彦，汉译为富有之意，即姓富；倭赫，汉译为石头，即姓石，等等。在人口普查中发现，满族的姓多为金、郎、关、舒、王、傅、费（马）、章八大姓氏。清王朝时的皇族，满姓爱新觉罗氏，译汉姓是金。除了皇姓外，还有钮祜禄氏，译汉姓郎；瓜尔佳氏，译汉姓关；舒穆鲁氏，译汉姓舒；完颜氏，译汉姓王或金；富察氏，译汉姓傅；费莫氏，译汉姓费；马佳氏，译汉姓马；章佳氏，译汉姓章。实为九姓，然费莫、马佳二姓乃一族。

政治风云的影响对于满族姓氏有着极大的影响。辛亥革命提出“驱除鞑虏，恢复中华”的革命口号，广大满族人民被排斥在革命之外，受到歧视和压迫，因此更改姓名、隐瞒族称、忍辱避难。以广州为例，部分满族人口四散，有的逃往香港、有的逃往北方，但是大部分满族人仍留居广州，只是其中一些人为了避免歧视和压迫，不得不将自己的民族成分隐瞒起来，甚至更名改姓的。当时一家人外出工作可以改几个姓，一般改称佟、鄂、那等姓氏为多。这种改姓，随意性强，要以鱼目混珠、遮人耳目为目的，很难说与原来的姓有什么关系，凡此种种，造成了满姓的繁杂。现在许多满族人不知其原有的老姓，不能说与此毫无关系。

新中国成立以后，特别是改革开放以来，由于国家执行了民族平等、民族团结、各民族共同繁荣的政策，许多满族又恢复了民族成分。从第三次人口普查到第四次人口普查，仅仅八年，满族人口几乎翻了一番，这绝非满族人口自然增长率较高的原因，其中很大一部分是曾隐瞒身份又恢复了满族民族成分的缘故。

满族八大姓

满族姓氏繁多，《清稗类钞·姓名类》“满洲八大贵族之姓”载，满洲氏族，以八大家为最贵，一曰瓜尔佳氏，直义公费英东之后；一曰钮祜禄氏，宏义公额亦都之后；一曰舒穆禄氏，武勋王扬古利之后；一曰纳喇氏，叶赫贝勒锦台什之后；一曰栋鄂氏，温顺公何和里之后；一曰马佳氏，文襄公图海之后；一曰伊尔根觉罗，敏壮公安费扬古之后；一曰辉发氏，文清公阿兰泰之后（注：阿兰泰姓富察氏）。凡尚主、选婚，以及赏赐功臣奴仆，皆以八族为最。抚顺民间也有另说，谓：佟（佟佳）、关（瓜尔佳）、马（马佳）、索（索绰罗）、齐（齐佳）、富（富察）、那（纳喇）、郎（钮祜禄）。此外，还有把费莫、乌喇、兆佳、那木都鲁（南）等姓氏列入其中的。今依照通常的说法，以汉姓表示的佟、关、马、索、齐、富、那、郎为满族八大姓。

佟（佟佳氏） 见于《清朝通志·氏族略·满洲八旗姓》。佟佳，地名，在今天的辽宁省新宾满族自治县境，以地为氏。还有说是江名，即佟家江。氏族甚繁，世居抚顺、马察、加哈、巴尔达、佛阿拉、佟佳、扎库木、雅尔呼、长白山、瓦尔喀等地。该氏隶满洲八旗各旗和汉军部分八旗下。关于佟佳氏起源，一说为金元夹古氏之后裔，一说为辽东汉族佟姓后裔。该氏族早在明朝就有以“佟”为姓的。后来，该族多以此为姓。还有冠汉字姓仝、同、童、董、高、赵、俞、惠等。开国元勋扈尔汉曾蒙太祖赐“觉罗”，其族所冠汉字姓“赵”。佟佳氏在清朝有“佟半朝”之称，在朝为官的非常多，根基牢固。

关（瓜尔佳氏） 满族第一望族，见于《清朝通志·氏族略·满洲八旗姓》。满族最古老的姓氏，源于金代旧姓夹谷、加古、古里甲。老北京传说与“官家”有关。他说，这个氏族与奇塔尔（喜塔腊）、尼马齐氏族形成一个特殊的群体——阔雅里满洲，他们同时用猪和羊祭祀。还有一种说法，瓜尔佳是地名。

据史料记载，瓜尔佳氏散居在苏完（酸尼）、叶赫、讷殷、蜚优城、安褚拉库、尼马察、瓦尔喀、费德里、哈达、乌拉、呼尔哈、嘉通阿、嘉木湖、辉发、长白山等地。

瓜尔佳氏多冠汉字姓关，还有石、鲍、汪、李、高、顾、白、胡、郭、果、苏、叶、常、喜、侯、森、佟、唐、荣等。世居苏完者，多姓苏；世居叶赫者，姓叶、关；内大臣华善之后，

佟氏族谱

姓石；川陕总督音泰之族冠汉字姓“胡”；车克之后，姓果；居住在黑龙江省呼兰县的姓常。

清朝，瓜尔佳氏涌现出许多显贵家族。其中第一望族是开国元勋、苏完部长索尔果家族。他的儿子费英东是太祖最倚重的五大臣之一，受命总领八旗左翼四旗，屡建战功，被授予一等总兵官。

马（马佳氏） 见于《皇朝通志·氏族略·满洲八旗姓》。马佳，地名，地点大约在今天的黑龙江省东宁一带。其族以地为氏。世居绥分（黑龙江省东宁）、穆丹、宁古塔（黑龙江省宁安）、萨哈（黑龙江省牡丹江地区）、辉发（吉林省辉南）、哈达（辽宁省开原）、长白山等地。因其族大学士图海子孙以“马”为名字的字头，后其氏多改汉字姓马。

索（索绰罗氏） 见于《皇朝通志·氏族略·满洲八旗姓》。索绰罗，地名，地方待考。其族以地为氏。世居辉发、叶赫、讷殷、乌喇、索绰络（待考）等地。所冠汉字姓索、曹、石。

齐（齐佳氏） 又作奇氏，见于《皇朝通志·氏族略·满洲八旗姓》，世居叶赫齐家营等地，以地为姓。后改汉字姓齐。

富（富察氏） 见于《清朝通志·氏族略·满洲八旗姓》。又作“傅察”“富尔察”。女真最古老的姓氏，源于唐末女真“通用三十姓”之一——蒲察。金旧姓“蒲察”，以部为氏。蒲察，乃辽代女真旧部，势力强大。金元时，曾冠汉字姓李。

那（纳喇氏） 见于《清朝通志·氏族略·满洲八旗姓》。又作纳兰、那拉，以部为氏。满族中，最容易分辨的是“那”姓，凡姓那的，无一例外，都是满族人。而且，多自诩为“叶赫那拉氏的后代”。其实，那姓满族人绝非“叶赫那拉氏”一家，那木都鲁氏的汉字姓也是“那”。

郎（钮祜禄氏） 见于《清朝通志·氏族略·满洲八旗姓》。钮祜禄，满语“狼”。满族最古老的姓氏，金旧姓女奚烈、粘合、粘割，或谓以部为氏。氏族甚繁，世居长白山、英额、安图瓜尔佳、珲春，以及马尔墩、佛阿拉、扎库木、辉发等地。该氏隶满洲八旗各旗下。

该族与清朝宗室世代通婚。其族皇亲国戚、名臣大将、豪族世宦，不胜枚举。所冠汉字姓郎、浪、钮、和、杨、林、邵、赵、福、仇、金（赐姓）等。著名的乾隆朝大奸臣和珅之后裔姓“和”。该氏分隶满洲八旗下。

满族家谱

在清代，满族几乎家家修谱，是满族修家谱的鼎盛时期。满族修谱曾出现四次高潮。第一次是在康乾盛世，这正是国家安定、经济腾飞、人民安居乐业的反映。第二次是在嘉庆年间，当国内战乱平静时，人们盼望大清王朝的中兴，因而修家谱又出现高潮。第三次修谱高潮出现在清晚期光绪年间，人们的心理与第二次相同。第四次高潮是在民国时期，面临满族“汉化”危机时形成的。现在，新修谱书已成风气，许多满族人家用家谱记载家族历史，并用家谱对青少年进行爱祖国、爱家乡的教育。

一般满族家谱分为两种：一种为编撰成册的称为谱书，一种为只记宗族中本支世系或本始祖下的几支后裔的名单称谱单以及专用于春节期间祭祀的宗谱单。满族谱单，一般是写在高丽纸上，或是写在白细布上的，还有写在牛皮上的。较多的一种折子式的家谱叫谱折。

《满族佟氏家谱总汇》书影

谱书记载的内容较为丰富，一般有如下内容：谱序、宗派、世系源流、家法家规、祭祀规则、文牍（遗嘱、契约）等、人物传、大事记、图谱、谱注等。谱书中的宗派篇，即行辈排字歌，俗称“范”字，是谱书的主要内容之一，有8字、10字、20字、28字句，成诗体，是同族男性成员取名的依据。爱新觉罗皇室至康熙朝始仿汉族宗谱定拟字辈制度。玄烨共35个皇子，前后换过“承”“保”“长”。这一现象，反映了满汉两种文化交融时期，人们兼而采之，难做取舍的心态。康熙二十年后，玄烨才按“胤”排辈，为皇子命名。以后分别为：弘、永、绵、奕、载、溥、毓、恒、启、焘、闿、增、祺。

研究满族家谱有着重要的文化意义。满族家谱是研究满族历史的重要资料，也是中华民族文化的宝贵遗产。它是研究人口学、社会学、民俗学、经济史、人物、宗族制度、地方史的珍贵资料。它有着很高的学术价值和应用价值。这是因为家谱主要记述某一家族的历史沿革、世系繁衍、人口变迁、居地迁移和婚姻情况，家庭成员在科举、官封名谥等政治生活中的地位、作用和事迹及家族的管理、教化族众而制定的族规、族法等。因此，家谱是一种能真实反映历史面貌、时代精神、社会风尚的载籍。

满族命名

名在满语里叫“格布”。今天的满族人名与汉族人名基本相同，以姓加名的二字、三字为主。但在清代，从人名上就可以判断出其满汉族属。这不仅是因为满族用本民族语言命名，还因为清代在人名问题上颁布了多项制度和措施，以确保满族人名的文化传统，确保作为“国家根本”的满语不致全部丧失。清代对人名用字及数量、人名书写方式、人名避讳等做出了明确规定。清代规定，满族人名必须保持质朴的特征，不允许使用“纤丽字面”。“旗人命名，以清文意义书写。其书写汉字，惟取清语之对音者，不得择用纤丽字面，及将首一字用汉姓字样，或数代通以一字为首。其有以汉字命名者，书写清字亦以对音字连贯书写，不得分写单字。”一旦发现满族人用汉族姓氏用字为人名的第一个字，或者两代人名字的第一字相同，都会受到申斥。

乾隆二十五年（1760），乾隆皇帝下令满族人名不得分写，乾隆二十六年重申，满洲、蒙古取汉语名字者，人名要连写，汉人名字则不许连写，太监和庄头的名字更不能连写。可见，人名书写方式也是能够体现尊卑的。

清朝同其他封建王朝一样有严格的避讳制度。姓氏命名，惟皇帝独尊，臣民百姓不能与皇帝同名同字，甚至不能同音。皇帝的名字、皇帝陵寝的名称都必须避讳。虽然清朝制定了严格的避讳制度，但在执行过程中，人名避讳制度伴随着清朝统治的衰败和满族文化的流失而被逐渐废弛。

以一个民族的历史为积淀的人名一定与历史的发展是同步的。因此，清代在人名问题上制定的上述制度，并不能从根本上解决满族人名的汉化问题。

人名是文化的载体，素有人类文明“活化石”的美称。在清代严格的命名制度规范下，满族人名在一定时期内基本保持了传统特征。满族人名传统特征能够保留的根本原因却不是清代的命名制度，而是满族社会文化的影响和制约作用。人名与文化共进退，当满族人普遍接受汉文化以后，其人名采用的字词也随之发生变异，直至完全改用汉语人名，接受汉语言文化。

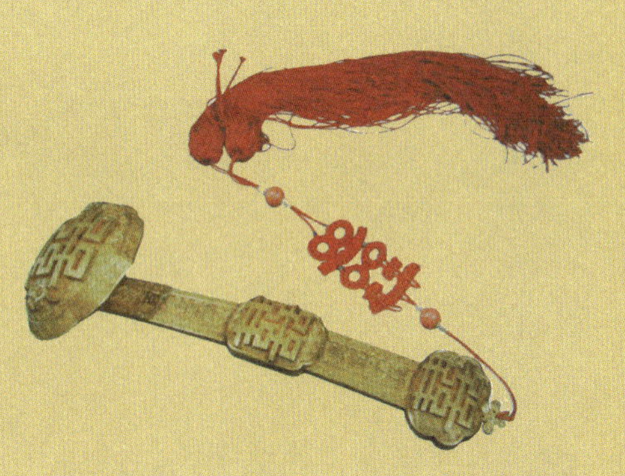

第八章
满族名人

满族英杰辈出，灿若星河，不胜枚举，凡政治、经济、文化、军事，更无论古今，满族皆有无数名人。他们的杰出贡献不仅属于满族，更属于中华民族，属于全世界。尤其是在清代和近现代，随着人口的增长和受教育水平的提高，满族诞生出一大批耳熟能详的名人英杰。

满族的英杰人物辈出，是我国55个少数民族中贡献政治家、军事家、文学家、艺术家、语言学家最多的民族之一。如果追溯到女真，这个民族曾经产生过23位皇帝，产生过几十位中华名将。在满族的历史上直到现代，曾产生过曹雪芹、老舍、纳兰性德、启功、程砚秋、侯宝林、胡絜青、端木蕻良等文化名人，抗日战争中又涌现大批抗日将领。下面就其中一些代表性的人物做一简略的介绍，前面已作介绍的，此处从略。

古代

文化名人

额尔德尼（1581—1623） 满文的创建人，姓纳喇氏，世居建州女真都英额，隶满洲正黄旗。额尔德尼生活在少数民族与汉族杂居的辽东地区，精通满语、蒙古语、汉语三种语言，这为他创制满文奠定了基础。创制满文是一项涉及语音、文字、语法等一整套艰巨又复杂的工作，额尔德尼和噶盖接受努尔哈赤的命令，克服重重困难，终于成功创制出满族自己的语音文字。而且他还是第一个将满文用于文献记载的学者。最不可思议的是他不仅是一个文人，还是个叱咤风云的武将。

达海（1595—1632） 新满文的创造人，姓觉尔察，世居觉尔察。隶满洲正蓝旗。达海这一生最突出的贡献是改进老满文，创制新满文。老满文实行一段时间之后，暴露出一些弊端，亟待改进。达海根据皇太极的旨意，在老满文的基础上加圈点，以区别浊辅音，固定了字形，确立了字义，又增添了专门用来拼写人名、地名、官名等专用名词的特定字母。容易辨读，字义清楚，便于书写。新满文的创制成功，不仅是满族社会历史上的一件大事，也是中国文化史上的大事。

▲

纳兰性德

纳兰性德（1655—1685） 字容若，号楞伽山人。清朝著名词人，隶满洲正黄旗，康熙朝大学士明珠长子。他淡泊名利，精通文翰，善骑射，二十多岁就被选为康熙一等侍卫。跟随康熙多次出巡。他的一生虽然很短暂，但在清代文坛上却占有十分重要的地位。一生著作颇丰：《通志堂集》二十卷、《渌水亭杂识》四卷、《词林正略》、辑《大易集义粹言》八十卷、《陈氏礼记说补正》三十八卷；编选《近词初集》《名家绝句钞》《全唐诗选》等书，笔力惊人。他的诗词风格缠绵伤感，有《纳兰词》问世，为清代诗词的发展作出了贡献，他的作品达到了同时期的汉人难以达到的高度。他虽侍从帝王，却向往平淡的生活。这一特殊的生活环境与背景，加之他个人的超逸才华，使其诗词的创作呈现独特的个性特征和鲜明的艺术风格。流传至今的“人生若只如初见，何事秋风悲画扇？等闲变却故人心，却道故人心易变……”这一富于意境的佳作，是其众多的代表作之一。与他同时代作者以及后人对他的评价都极高。曹寅《栋亭集》有诗曰：“家家争唱《饮水词》，纳兰心事几人知。”王国维认为纳兰性德是“北宋以来，一人而已”。

纳兰性德纪念馆

知识链接 **纳兰明珠** 字端范，纳喇氏，隶满洲正黄旗，清康熙年间最重要的大臣之一，叶赫贝勒金台石孙。明珠历任刑部、兵部、吏部、礼部尚书，曾名噪一时，权倾朝野，人以“相国”荣称。他官居内阁13年，“掌仪天下之政”，在议撤三藩、统一台湾、抗御外敌等重大事件中，都扮演了相当关键的角色。同时作为封建权臣，他也利用皇帝的宠信，独揽朝政，贪财纳贿，卖官鬻爵，结党营私，打击异己，在封建统治集团的内部斗争中，经历荣辱兴衰，有起有落。在他从政的晚期，因朋党的罪名被康熙帝罢相。

曹雪芹（1715—1763） 清朝小说家。名霑，字梦阮，号雪芹、芹圃、芹溪。祖为满洲正白旗“包衣”人，后受康熙帝宠遇，其曾祖曹玺、祖父曹寅、父辈曹颙、曹頫，三代世袭江宁织造。雍正初年，其父曹頫因诸皇子谋嗣之争受牵连，获罪落职，产业被抄，遂随家迁居北京，家道遂衰。晚期居北京西郊，“举家食粥”，贫病而卒，年未及五十。性情高傲，嗜酒健

曹雪芹

谈。具有广泛的文学艺术知识和深厚修养。他生活在我国已经有了一些资本主义生产关系萌芽的封建末世，一生又经历了曹氏盛极而衰的急剧转变，对封建社会的种种黑暗和罪恶有深刻的认识，看到了统治阶级的腐朽凶残和内部的分崩离析。在此生活基础上，以十年时间，创作了文学史上不朽的巨著《红楼梦》（原名“石头记”）。以贾宝玉和林黛玉的爱情悲剧为线索，描写了贾、王、史、薛四大家族的兴衰，对黑暗腐败的封建社会进行了深刻的解剖和批判，塑造了贾宝玉、林黛玉、薛宝钗、王熙凤等富有典型性格的艺术形象，规模宏大，结构严谨，成为中国古典小说中伟大的现实主义作品。但其中也反映了作者为封建制度“补天”的幻想和找不到出路的悲观情绪。能诗，善画石，但作品流传绝少。

军事名人

图理琛（1667—1740） 清使者、外交家。隶满洲正黄旗。爱新觉罗氏，字瑶圃，号睡心主人。以国子生考授内阁中书，迁侍读。康熙五十一年（1712），奉命看望在额济勒河（即伏尔加河）下游游牧的厄鲁特蒙古土尔扈特部。由他为首组成的代表团从京师出发，出张家口，北上穿越察哈尔蒙古，经喀尔喀蒙古，由楚库柏兴（色楞格斯克）进入西伯利亚，五十三年（1714）到达土尔扈特部驻地，受到部民的隆重接待。次年，回到北京。往返行程共四万余里，圆满完成任务，受到康熙帝的褒奖。后将沿途所见山川、道路、风俗、民情撰写成《异域录》二卷，传于后世。图理琛这次出访，历时近三载，行程约四万里，密切了土尔扈特与清政府的关系，为后来该部万里迢迢回归祖国打下了基础。雍正五年（1727），参加中俄中段边界的谈判。累官至吏部侍郎、内阁学士。乾隆二年（1737），以老乞休。后病死。

萨布素（1629—1701） 清代康熙年间抗俄名将。富察氏，隶满洲镶黄旗。康熙元年（1662），为宁古塔（今黑龙江宁安）骁骑校时，曾带兵袭击沙俄入侵者。十七年，升宁古塔副都统。二十二年，升黑龙江将军。萨布素在当地少数民族的配合下，基本上肃清了黑龙江中下游的沙俄侵略军。二十四年，奉命率兵围攻雅克萨城，俄军首领托尔布津投降，被遣返俄国。次年，托尔布津又率兵至雅克萨筑城盘踞，萨布素遂引兵抵雅克萨城下，大败俄军，使其龟缩城中。沙皇政府闻讯急忙派遣使臣来华，要求停战，并声明已派戈洛文为大使，前来同中国谈判。萨布素奉命撤围。二十八年，清廷使团赴尼布楚与俄方代表戈洛文谈判，萨布素为使团成员之一，率水师溯流至尼布楚，以保证清朝使团的安全。同年，双方在平等谈判的基础上签订了《尼布楚条约》，确定了中俄东段边界。萨布素任黑龙江将军达18年之久，他不仅在抵抗沙俄侵略的斗争中建立赫赫战功，而且还为建设中国东北边疆作出了贡献。

兆惠（1708—1764） 乾隆时将领。隶满洲正黄旗。吴雅氏，字和甫。雍正九年（1731），授军机章京。历任兵部郎中、内阁学士、盛京刑部侍郎、刑部右侍郎、正黄旗满洲副都统、镶红旗护军统领。乾隆十三年（1748），赴金川军营督办粮运。十五年，入值军机处。十八年，赴藏办理筹防准噶尔事宜。二十一年，授定边右副将军，筹办伊犁善后事宜。二十二年，率师至乌鲁木齐，以功封一等武

兆惠像

毅伯。阿睦尔撒纳叛后，配合北路军肃清准部叛乱势力，授定边将军。二十三年，由伊犁率师往天山南路平大小和卓之乱，连克南疆诸城，叛乱乃告平定。兆惠以功晋封一等武毅谋勇公。返京后授御前大臣。协办大学士兼署刑部尚书。作为乾隆朝的著名战将，他屡次征伐，为捍卫西北边疆，维护国家统一建立了功勋。

阿桂像

阿桂（1717—1797） 清朝名将。字广廷，号云岩，章佳氏，隶满洲正蓝旗，后以新疆战功抬入正白旗。大学士阿克敦子。乾隆三年（1738）授镶红旗蒙古副都统，长期戍守西北边疆，官至大学士。《清史稿》评论阿桂说："乾隆间，（他）开诚布公，谋定而后动，负士民司命之重；固无如阿桂者。还领枢密，决疑定计，瞻言百里，非同时诸大臣所能及。"他是乾隆朝出将入相的少数重臣之一。

近现代

文化名人

老舍（1899—1966） 现代著名作家、人民艺术家、语言大师。原名舒庆春，字舍予，生于北京一贫困旗人家庭。1916年至1918年在北京师范学校读书，爱好古典诗词，并用文言进行写作。毕业后，当过小学校长、中学教员。在"五四"新文学运动中，开始用白话文创作。1924年赴英国，任伦敦大学东方学院中文教员。此间，创作了三部长篇讽刺小说《老张的哲学》《赵子曰》《二马》，显示了创作上的讽刺、幽默天才。1930年回国，任济南齐鲁大学、青岛山东大学教授。其间与王统照创办《避暑录话》，创作了短篇集《赶集》《樱海集》《蛤藻集》，长篇小说《猫城记》《离婚》《牛天赐传》及《老舍幽默诗文集》。1937年问世的著名长篇小说《骆驼祥子》是其代表作。抗日战争爆发后，在武汉、重庆任中华全国文艺界抗敌协会常务理事、总务组长，组织参加抗日宣传活动，并坚持创作，写有《大地龙蛇》《谁先到重庆》等20多部反映抗战的作品，还写过不少鼓词和京剧。1946年赴美国讲学并创作了长篇小说《四世同堂》。这部小说分《惶惑》《偷生》《饥荒》三部，表现了北京人民遭受的苦难和不屈不挠的斗争精神。1949年回国后，历任政务院文教委员会委员、人大代表、政协委员、中国文联副主席、中国作家协会副主席、书记处书记、中国剧协理事、中国曲协理事、北京市人民委员会委员、北京市文联主席等职。解放后创作了《方珍珠》《龙须沟》《茶馆》等20多个剧本。话剧《龙须沟》，使他获得了“人民艺术家”的称号。还创作了几十万字的歌词、曲艺、文艺随笔、诗歌，是一位多产的作家，被誉为“作家劳动模范”。“文革”中被迫害致死。

老舍

端木蕻良（1912—1996） 1912年 9月25日出生于辽宁省昌图县，原名曹京平，曾用笔名叶之林、罗旋、隼、曹坪、荆坪、金咏霓、红楼内史、红莨女史等。早在中学时代，他就深受鲁迅等中外文学名家的影响，开始了创作生涯。1932年读大学时，加入北平左翼作家联盟。1933年，年仅21岁的端木蕻良，完成了32万字的长篇小说《科尔沁旗草原》。小说一经问世，便以其浓烈的北方文化意蕴和乡土朴野色调，博得了左翼文坛的重视。郑振铎在审阅书稿时，盛赞它“将是中国十几年来最长的一部小说；且在质上，也极好”，“出版后，必可惊动一世耳目！”王任叔亦对小说的语言推许有加，指出：“由于它，中国的新文学，将如元曲之于中国过去文学那样，确立了方言给予文学的新生命。”从20世纪70年代末开始，端木蕻良以他那学贯古今的文化视野和炉火纯青的艺术笔法，写作三卷本长篇小说《曹雪芹》，并且先后发表了第一卷和第二卷，受到文学界、红学界和广大读者的交口赞誉和高度评价。

启功

启功（1912—2005） 中国当代著名教育家、国学大师、古典文献学家、书画家、文物鉴定家、诗人，是清世宗的第五子和亲王弘昼的第八代孙。字元白，别署小乘客等。1912年生于北京。书法幼承家学，幼年失学，自学成材。曾从戴姜福先生学文史，从贾尔鲁、吴熙曾先生学中国画，从陈垣先生学文史，成为著名书画家、诗人、文物鉴定家。书法曾学欧体《九成宫》，又学柳体《玄秘塔》，再学《智永千字文》、唐人写经。后着力写过董其昌、赵孟頫、米元章以及苏、黄等人。结构得益于柳体，用笔得力于赵董诸家。书风独具一格，清秀爽劲、字体狭长、笔画清瘦，篇章结构一丝不苟。字主结构喜称“黄金律”，书风由此而生。书法作品参加过历届大展、出国展，收入多种作品集。墨迹、刻石、牌匾、题词遍及海内外。主要著作有《诗文声律论稿》《古代字体论稿》《启功丛稿》《启功书法作品选》《启功书法选》《论书绝句一百首》等。生前曾任全国政协常委、中国书协名誉主席、国家文物鉴定委员会主任委员、中央文史馆副馆长、故宫博物院顾问、中国历史博物馆顾问、北京师范大学教授等职。

罗常培（1899—1958） 字莘田，号恬庵，北京人，中国著名语言学家，与赵元任、李方桂同称为早期中国语言学界的“三巨头”。其学术成就对当代中国语言学及音韵学研究影响极为深远。1919年毕业于北京大学中国文学系，接着又读了两年哲学系，以后在天津南开中学教国文，北京第一中学任校长。从1923年起，先后在西北大学、厦门大学、中山大学、北京大学等高校任教。中华人民共和国成立后任中国科学院语言研究所所长、中国文字改革委员会委员。一生从事语言教学与研究工作，在汉语音韵学、汉语方言调查研究和少数民族语言调查研究等方面，都做了很多工作。重要的著作有《汉语音韵学导论》(1949)、《汉魏晋南北朝韵部演变研究第一分册》(1958)、《厦门音系》(1930)、《唐五代西北方音》(1933)、《临川音系》(1940)、《语言与文化》(1950)以及《普通语音学纲要》(1957)等。重要论文收入中国科学院语言研究所编的《罗常培语言学论文选集》(1963)。

程砚秋(1904—1958) 原名承麟,后改"承"为"程"姓。早年艺名程菊农,后更名艳秋,号玉霜。自1932年起,易名砚秋,改号御霜。北京市人。出生于满族没落贵族家庭。3岁丧父,6岁拜荣蝶仙为师学艺,13岁出师。后受教于梅兰芳、王瑶卿。1921年独立组班,成立鸣和剧社,到各地演出。1922年,在五四运动影响下,开始探索改革京剧的道路。在长期的舞台实践中,逐步形成了自己的艺术风格,世称"程派",在京剧艺术上获得很高成就。1932年赴西欧考察戏曲音乐艺术。1933年回国后,主办中华戏曲专科学校,同时主编《戏剧月刊》,介绍西方戏剧,主张京剧改革。抗日战争时期,拒绝为日伪演出,隐居市郊务农。1949年4月,代表戏剧界参加布拉格第一届世界拥护和平大会。同年秋,作为特邀代表,出席中国人民政治协商会议。1953年赴朝鲜前线慰问演出。1954年当选为全国人大代表。1957年加入中国共产党。曾任中国剧协常务理事、中国戏曲研究院副院长、中国文联委员。1958年3月9日,在北京逝世。主演的代表剧目有《荒山泪》《青霜剑》《打渔杀家》《文姬归汉》等二十余出。其作品编为《程砚秋文集》。

程砚秋

胡絜青(1905—2001) 中国画画家。女。原名玉贞,笔名燕崖。北京人。著名作家老舍夫人。擅长中国工笔、写意花鸟画。自幼酷爱绘画,早年师从汪祁习画,大学时代求教于书法家杨仲子、孙诵昭。1931年毕业于北平师范大学国文系。专事国画花卉创作。1938年在北平教书时聆教于齐白石多年，1950年正式行拜师礼。曾任中国画研究会理事、常委。1958年后为北京画院专业画家。是北京花鸟研究会顾问，北京市文联常委，中国美术家协会会员。作品多次参加全国美展，并由《中国妇女画册》《中国女画家作品选》等画集选收。曾在香港举办个人画展。作品被全国许多博物馆、纪念馆收藏。出版有《絜青画册初集》等。作品有《玉羽春光》《月季》《银星海棠》《杜鹃》《樱花》《凌云直上》《牡丹》《一树寒梅雪后红》《大松》等。这位优秀的艺术家和优秀的女性，一生奉行老老实实地画、老老实实地写、老老实实做人的准则。她在将临生命尽头的最后时刻，只留下平平淡淡的八个字："心平气和、随遇而安。"

侯宝林 （1917—1993）相声表演艺术家。满族。北京人。幼年曾习京剧，后改相声，师从朱阔采。抗日时期在天津与郭启儒合作，名噪一时。1949年入中央广播文工团说唱团。历任中国文联常务委员、中国曲艺工作者协会副主席、北京大学兼职教授等职。早期所演《戏迷杂学》《闹公堂》《学话剧》等广受欢迎。经长期勤奋实践，对相声吸收其他艺术形式，特别是戏剧的表现方法进行探索，形成了庄谐并重、华而且实的艺术风格，数十年蜚声艺坛。曾创作和整理加工许多曲目，并主演喜剧影片《游园惊梦》。所演曲目部分收入《侯宝林、郭启儒表演相声选》《再生集》。多年从事曲艺理论研究，著作有《谈相声的形式、结构、语言》《我和相声》《相声溯源》等。侯宝林是人民艺术家，他毕生都以"把笑声和欢乐带给人民"作为自己的奋斗目标，也因此得到全国各族人民的尊敬与喜爱。

舞台上的侯宝林（左）

军事名人

李兆麟（1910—1946） 辽宁辽阳人。原名超兰，一名张寿篯。九一八事变后赴北平（今北京）加入东北民众抗日救国会。1932年初受北平团市委派遣，回东北参加组织东北抗日义勇军第二十四路军。同年加入中国共产主义青年团，并成为中国共产党党员。在北满开展抗日游击战争，历任东北人民革命军第三军第二团政治部主任、中共满洲省委军委书记、东北人民革命军第六军代理政治部主任、北满抗日联军总政治部主任兼第三军政治部主任、东北抗日联军第三路军总指挥，中共北满临时省委常务委员兼组织部长等职。抗日战争胜利后，任滨江省副省长。1946年3月9日在哈尔滨被国民党特务暗杀。3月24日，哈尔滨十万市民举行隆重仪式，将李兆麟将军遗体安放在松花江畔的道里公园，并将其命名为兆麟公园。1996年4月27日，在哈尔滨解放五十周年之际，民族英雄李兆麟将军塑像奠基仪式在兆麟公园隆重举行。

李兆麟塑像

马识途（1903—1945） 原名马骏麟，字献图。满族，祖籍辽宁铁岭，幼年随家迁居奉天（今沈阳）。1931年毕业于北京师范大学生物系，后应聘到奉天第三高中做教员。九一八事变后，他只身去北平（今北京），后经友人介绍，到山东烟台芝罘中学任教。马识途在学校积极向师生宣传抗日救亡思想，教唱抗日救亡歌曲。后加入中国共产党并改名为马识途。1947年，马识途任中共东北特别支部（由中共北平市委领导）宣传干事，负责领导并主管地下油印小组。1945年8月，日本侵略者宣布无条件投降，伪满洲国随之垮台，嫩江省人民政府成立，马识途任代理秘书长。12月为保护党主席于毅夫被国民党特务杀害，时年42岁。马识途牺牲之后，1947年10月，在齐齐哈尔市龙沙公园内修建马识途烈士墓，后迁至西满烈士陵园。

陈翰章（1913—1940） 吉林敦化人。1927年入敦化敖东中学读书，毕业后在本县第一小学和民众教育馆从事教育工作。九一八事变后，积极组织进步青年抗日救亡宣传活动。1932年9月，参加东北抗日救国军，任司令部秘书长。同年冬加入中国共产党。1934年初被派往天津进行抗日民族统一战线的活动。1935年回东北后，历任宁安工农抗日义勇队政治指导员、东北抗日联军第五军第二师参谋长兼师党委书记。1936年初改任抗日联军第二军第二师参谋长、代师长，中共道南特委常委。1937年任第二军第五师师长。1939年7月任第一路军第三方面军指挥和中共南满省委委员，率部转战于珲春、汪清、敦化、宁安一带。1940年12月8日，在吉林镜泊湖南湖头（现黑龙江宁安）与日军作战时牺牲。“镜泊湖水清亮亮，一棵青松立湖旁。喝口湖水想起英雄汉，看见青松忘不了将军陈翰章。”这首至今仍流传在东北地区的民歌，表达了人民对抗日英雄陈翰章的深切怀念。

关向应 ▶

关向应（1902—1946） 奉天金县（今属辽宁）人。原名致祥。1924年春在大连参加中国社会主义青年团。同年赴苏联东方劳动大学学习。1925年加入中国共产党。同年夏回国，年底任共青团山东省委书记。1928年出席中国共产党第六次全国代表大会，当选中央委员。旋任团中央书记。1930年参加中国工农红军军事委员会及中共中央长江局工作。1932年至湘鄂西革命根据地，参加中共湘鄂西中央分局的领导工作，并任湘鄂西军委会主席、红三军政治委员。1934年任红二军团副政治委员。长征途中，任红二方面军副政治委员，同张国焘分裂主义进行了针锋相对的斗争。抗日战争时期，任八路军一二〇师政治委员，参加开辟晋绥根据地。在党的第七次全国代表大会上再次当选中央委员。1946年7月21日在延安病逝。

佟麟阁（1892—1937） 原名凌阁，字捷三。河北高阳人。1911年参加冯玉祥部队，历任排长、连长、营长、团长、旅长、师长、陇南镇守使等职。1931年任国民党陆军第二十九军副军长兼教导团团长和张家口警备司令。1933年参加长城抗战和察北抗战。任察哈尔省代主席兼察哈尔抗日同盟军第一军军长，参加收复多伦战斗。1935年复任第二十五军副军长兼军官教导团团长，驻防北平南苑。1937年七七事变后，率部抗击日军。同年7月28日，在南苑前线指挥作战，被敌机炸伤，不幸身亡，被国民政府追认为陆军上将。1979年8月被中共北京市委统战部批准为革命烈士。

佟麟阁

参考文献

1. 郑天挺. 清史探微. 重庆：独立出版社，1947

2.《满族简史》编写组. 满族简史. 北京：中华书局，1979

3. 戴逸. 简明清史，北京：人民出版社，1980

4. 富育光，孟慧英. 满族萨满教研究. 北京：北京大学出版社，1991

5. 白寿彝. 中国通史. 上海：上海人民出版社，1996

6. 王锺翰. 清史新考. 沈阳：辽宁大学出版社，1997

7. 北京市政协文史资料委员会. 辛亥革命后的北京满族. 北京：北京出版社，2002

8. 余梓东. 清代民族政策研究. 沈阳：辽宁民族出版社，2003

9. 同利军. 中国古代少数民族军事思想研究. 北京：中共中央党校出版社，2003

10. 关世珠. 沈阳满族民俗巡览. 沈阳：辽宁民族出版社，2004

11. 张佳生. 中国满族通论，沈阳：辽宁民族出版社，2004

12. 柳湖. 满族命名纪念与“满族颁金节”. 满族研究，1995（2）

13. 顾建平. 满族姓氏趣谈. 寻根，2004（4）

14. 刘明新. 满族的民间祭祀管窥. 中央民族大学学报，2001（4）

15. 赵阿平等. 满—通古斯语族语言文化抢救调查——五常、阿城满族语言文化现状考察报告. 满语研究，2002（1）

16. 李学成. 满族姓名初探. 辽宁广播电视大学学报，2002（1）

17. 张泰湘. 从最新考古学成果看满族先世的历史与发展. 满族研究，2002（2）

18. 曹德全. 小议“满族八大姓”. 满族研究，2003（2）

19. 王中军. 东北满族民居的特点——乌拉特镇“后府”研究. 长春工程学院学报，2004（3）

20. 常书红. 辛亥革命前后的满族研究. 北京师范大学，2003

图片提供者

（按姓氏笔画为序）

于今
第12页（三幅）
第14页
第25页（上）
第29页（下）
第30页
第34页（两幅）
第38页
第39页
第42页
第45页（上）
第46页（下）
第52页（下）
第54页（两幅）
第55页（两幅）
第56页（两幅）
第57页（两幅）
第58页（两幅）
第60页（三幅）
第61页
第63页（两幅）
第65页（两幅）
第66页（两幅）
第67页
第68页（下）
第69页（下）
第72页（三幅）
第74页（上）
第96页（三幅）
第97页（三幅）
第101页
第117页
第119页
第141页
第144页
第145页
第146页（两幅）
第147页（两幅）
第148页
第151页
第152页
第159页
第160页
第180页
第181页
第183页
第185页
第186页
第191页（两幅）
第192页
第193页
第204页
第206页
第208页
第209页
第210页
第211页
第212页
第213页
第214页
第215页

辽宁民族出版社
第75页（下）
第169页
第172页（下）
第174页
第182页
第195页
第199页
第121页
第122页
第136页

刘小萌
第31页（中二）
第36页
第40页
第68页（上、中）
第69页（上）
第113页
第120页
第150页
第153页

何荣伟
第10页
第11页
第19页
第20页（两幅）
第21页（下）
第22页（下）
第26页（下）
第158页

佟悦
第13页
第16页
第17页
第18页
第23页（下）
第24页
第26页（上）
第27页
第28页（两幅）
第31页（左）
第34页
第71页（两幅）
第73页（两幅）
第74页（下）
第75页（上）
第76-77页（两幅）
第80页
第81页（三幅）
第82页（两幅）
第83页
第88页
第89页
第90页（两幅）
第91页（三幅）
第93页
第94页（上、下）
第95页（三幅）
第98页（三幅）
第99页（两幅）
第100页
第104页
第105页
第106页（两幅）
第107页（两幅）
第108页（两幅）
第109页（两幅）
第110页（两幅）
第111页（两幅）
第112页（上）
第127页
第128页
第129页
第130页（两幅）
第131页
第133页
第138页（两幅）
第139页
第140页
第149页
第154页
第155页
第156页
第157页
第163页
第164页
第168页（两幅）
第170页
第171页（两幅）
第172页（上）
第173页
第175页（两幅）
第176页
第177页
第178页
第179页
第184页
第186页（两幅）
第187页
第188页
第189页
第197页
第205页

张玉宾
封面
第102页
第103页

《清史图典》
第21页（中）
第22页（中）
第23页（中）
第25页（下）
第29页（上）
第37页
第41页（上）
第43页
第45页（下）
第45页
第46页（上、中）
第49页（两幅）
第50页（两幅）
第51页（两幅）
第52页（上）
第53页
第70页
第84-85页（两幅）
第86页
第87页
第94中页
第112-113页（下）
第114-115页（上）
第116页
第126页
第132页
第134页
第135页
第161页（三幅）
第162页
第165页
第207页

雍正清世宗文物大展
第41页（下）
第87页（两幅）

后记

每一个满族人都怀有对本民族深厚的感情，对于白山黑水那片神奇热土的热爱，无疑是每一个满族人心底深处长存的历史记忆。这种民族感情并不是狭隘的，它包容而开放，对于自身民族历史的自豪和热爱，已经深深融入到对整个中华民族的感情之中，成为新时期满族人积极投入和谐社会建设、促进民族团结的最大动力。

新中国成立以后，满族作为中华民族大家庭的一员，受到了中国共产党和中央人民政府的高度重视，实施了一系列民族平等、民族团结、各民族共同繁荣的民族政策，满族和其他兄弟民族一样，获得了参与国家管理的政治平等权利。1956年2月18日，由国务院发出《关于今后在行文中和书报杂志里一律不用“满清”的称谓的通知》。通知指出“满清”这个名词是在清朝末年中国人民反对当时封建统治者这一段历史遗留下来的称谓，为了增进民族团结，今后除了引用历史文献外，一律不要用“满清”这个名称，将满族人民同满族统治者区别开来。此后周恩来总理在阐述中国民族政策及接见满族（清朝）皇室人员时专门谈到满族问题，并明确指出“现在的问题，是要恢复满族应有的地位”（《周恩来选集》，第319~320页）。原满族皇室主要成员溥仪于1964年任中国人民政治协商会议全国委员会委员，溥杰于1959年任中国人民政治协商会议全国委员会文史资料研究委员会专员、第六届全国人民代表大会常务委员会委员。其他皇室人员在政协任职的也很多。以前隐瞒满族成分，或者没有申报满族成分的群众纷纷自愿地恢复和改正，这样使得曾一度呈现零增长趋势的满族人口又开始正常发展起来。1964年全国人口普查时，满族人口仅为269万余人，大大低于全国人口的增长速度。1990年第四次人口普查时，满族人口达到

982万余人；2000年人口普查时，满族人口为1068万余人。2010年人口普查显示，满族的人口数量为1041多万人，约占中国人口的0.77%，少数民族人口的9.28%。在中国的55个少数民族中排名第三位，仅次于壮族和回族。

作为一个满族人，我认同费孝通先生的“中华民族是一个民族实体”的观点。我为自己民族璀璨的文化和对中华民族所作出的巨大历史贡献感到无比自豪的同时，也觉得有义务去弘扬满族文化，以利于大众更好的了解满族、关心满族的发展。作为中国少数民族文物保护协会的副会长，我的工作性质也更使我多了一份责任感。

编著一本满族历史文化图书的想法是从1998年开始，当时我父亲给了我一本《家谱》，这本家谱是由我的三叔公、湖北大学张恩瀛教授于1996年执笔编撰完成的。家谱中详细叙述了我家的家史、满族的老姓和手绘的老家地理位置，以及分散在全国各地、海外近百位亲属工作和家庭概况。

张恩瀛教授在家谱中这样写道：“我们家族是满洲八旗后裔，姓尼吗察氏，始祖为女真族尼玛察部，系中国古代肃慎人后人，世居尼马察（今俄罗斯乌苏里斯克）。第一世祖博突，编入都京顺天左翼满牛录正白旗，随清太祖起兵征讨，世祖定鼎中原，驻防北京。族人艾博、全凌阿授巴图鲁封号。康熙初年（1662），其第二世祖阿克偏武与第三世二祖额特晕等调辽阳镶蓝旗防御。三世祖兄弟六人，长海他幼故，三海珠，四加晕，五歪库，六佛伦。康熙中年，久驻有功受赏，奖赐千亩土地。所赐地三十余户居民，属满族厢兰（镶蓝）旗人，有少数为汉族，世代和谐共处。我们的高祖父兄弟四位，分成四支（后世指老四支，即来源于此）…… 康熙二十二年（1683），其部一支后人奉旨随镶黄旗太子少保施琅收复台湾，久驻台湾。乾隆四十五年（1780）三世二祖额特晕其部一支后人被宣招进入北京隶满洲镶白旗。二世祖阿克偏武，又作额合偏武，满语‘障序’。因此，改汉姓为障。传至后人，将障误传为张。辛亥革命后，尼玛察部后裔多后冠汉字姓：杨、于、张、鱼、余、榆、佳、尼、倪、和、障等……这次编写家谱的目的是为了让子孙后代了解我们的家族起源和历史演变。当我编写家谱之际，思绪万千，浮想联翩，我深感自新中国成立后，特别是党的十一届三中全会以来，我们的家族兴旺发达，亲属中人才辈出。在各个工作岗位的有中国共产党党员和民主党派人士四十余人，真正是青出于蓝而胜于蓝。”最让我感动、深思的一句话，是随信而附的《专图尼吗察氏族谱》上最后一页的16字家训，这句话原文：“兹将所拟定十六字，凡我族人，各宜遵守，谨列于左（下）：振国兴家，云汉维济，鼎铭显耀，世荣延续。”

2005年底，我应邀参加了满族颁金节370周年活动，与来自全国各地各领域的近400名满族同胞欢聚在全国政协礼堂，共同欢庆满族的传统节日乙酉年颁金节联欢会。这次活动让我深深感受到今天的满族人民幸福生活在中华民族大家庭中，在中国共产党的领导下，全国各族人民团结奋斗所取得的重大成就。

我曾不只一次与人说过，认识学习之难要大于学习本身。写这本书就是为了认识学习。我本人所从事的是研究工作和民族文物保护工作，这些工作自有其特殊性，这是由于我国民族众多，每个民族都有自己的文化传统，每个民族都有着悠久的历史。了解一个民族的历史与文化对于一个纯粹的学者而言，可能就是一生时间和精力的投入，更何况在工作中，不断要求我们去广泛了解各少数民族的历史，其难度可想而知。但工作的挑战恰恰带来了一种学习的动力，新问题、新情况的不断出现，总是处于“挑战——回应”的模式中，我从中不断的或主动或被动地去努力完善自己对于各个民族的认识，这本书也是这种“挑战——回应”下的副产品之一。

一个民族的历史文化传统对社会发展影响巨大，并且，时代越是发展，这个问题就越显得突出。全球化的浪潮已席卷而来，与物质的传播相伴而生的是西方的文化以潜在的形式进入，因此，未来的社会，传统文化何以自处、何以复兴，已成为全社会关注的热点问题。

复兴文化，必自个人始，自修身始，继以家庭、民族、国家，如此反复，不断砥砺，方得成效。于我个人而言，试图编写满族史亦有关乎此。

在多位专家的鼓励、支持和帮助下，以满族历史文化结合国内外满族、清史专家学术成果的民族读物终于完成了。本书得到了余梓东、胡恒、佟悦、肇长拥、洪海波、怡娇的热情帮助。辽宁民族出版社副总编辑吴昕阳、编辑李璜为本书的编辑做了大量的工作。在此表示衷心的感谢！

由于本人非满族史、清史研究者，水平有限，不免有些疏漏之处，误差更是难免，恳请专家给予批评指正。

本书在写作过程中，参阅了大量的文献资料和众多论著，并使用了多位作者和朋友提供的图片，谨对各位作者表示深深的谢忱！

是为后记！

2014年12月8日